シリーズ 大学の教授法 3
アクティブラーニング

中井俊樹 編著

玉川大学出版部

「シリーズ 大学の教授法」刊行にあたって

　「私は教授法を体系的に学んでいないので、授業には自信がありません」という大学教員の声をよく聞きます。確かに小学校や中学校の教員のように、教員になるための十分な教育を受けずに教壇に立つことが多いため、大学教員には授業に対する不安や苦労も多いのかもしれません。一方、大学教育改革を推進していくために、教員の教授法に対して寄せられる期待は近年ますます高まっています。

　2008年に大学設置基準でFD（ファカルティ・ディベロップメント）が大学に対して義務化され、教授法を身につけるための教員向けの研修が増えてきました。しかし、教授法は研修によってのみ習得されるものではありません。もちろん研修にも一定の有効性はありますが、自らが学生や生徒として受けた教育の経験を振り返ったり、周りの教員による指導や助言を受けたり、教授法の書籍を読んだりすることなどからも身につけていくものです。

　本シリーズは、大学における教授法の知識と技能を体系的に提示することで、よりよい授業をしたいと考える大学教員を支援しようとするものです。したがって、第一の読者として想定しているのは大学教員です。加えて、大学教員を目指す大学院生、各機関のFD担当者、教務部門の職員、大学教育研究者、さらに大学の管理職や大学以外の教育職に就いている人などにも役立つものであると考えています。

　本シリーズを作成するにあたって、各巻の編者との間で執筆の指針として共有したことが3点あります。第一に、内容が実践に役立つことです。読んだ後に授業で試してみたいと思う具体的な内容をたくさん盛り込むよう留意しました。そのため、新任教員だけでなく、ある程度教育経験をもった教員にとっても役立つはずです。第二に、内容が体系的であることです。シリーズ全体において、教授法に関する重要な内容を整理してまとめました。第三に、内容が読みやすいことです。広い読者層を念頭に、できるだけわかりやすく書くことを心がけました。

　本シリーズが幅広い読者に読まれ、読者のもつさまざまな教育課題を解決する一助となること、そして、その結果として日本の大学において教育の質を向上させる取り組みが広がっていくことを願っています。

シリーズ編者　中井俊樹／佐藤浩章

はじめに

　アクティブラーニングは、現在の大学改革の重要なキーワードになっています。書く、話す、発表するなどの活動を含むアクティブラーニングを取り入れた授業に対して大きな期待が寄せられているからです。2012年の中央教育審議会答申の中でアクティブラーニングが取り上げられたことにより、多くの大学においてより一層アクティブラーニングの取り組みが進んでいます。

　アクティブラーニングの実践が普及する一方で、アクティブラーニングに対する厳しい意見もあります。たとえば、「教えられる内容が減少する」「学生が積極的に活動に参加しない」「活動しているだけで学習になっていない」「そもそも日本の学生には合っていない」といったものです。アクティブラーニングの意義や特徴が十分に理解されないまま授業に取り入れられてしまうため、そのような意見が出されていると言えます。アクティブラーニングは教育の一つの手段であり、効果的に活用できるかどうかは教員次第なのです。

　本書は、アクティブラーニングを取り入れて授業をよりよくしたいと考える教員に向けて、アクティブラーニングの実践の指針と具体的な方法を提供することを目的としています。実践に活用できるように、アクティブラーニングを取り入れる際に陥りがちな課題とその解決策についても記しました。本書によって、すぐれたアクティブラーニングの実践が広く共有されることを願っています。

　本書で使用する用語についてあらかじめ説明します。本書の題名でもある「アクティブラーニング」は、英語の active learning の訳語として使用しています。「アクティブ・ラーニング」や「能動的学習」などと表記する文献もありますが、本書では引用箇所を除き、「アクティブラーニング」で統一します。アクティブラーニングの定義にもさまざまなものがありますが、教授・学習の形態に着目した中央教育審議会(2012)による定義を使用します。また、政策文書などで「学修」という用語が「学習」と区別して使用されますが、現時点ではこの二つの用語の差異が広く共有されていないため、本書では引用箇所を除き「学習」を使用します。

　本書の大半は書き下ろしたものですが、すでに発表した内容を加筆修正

した部分もあります。8章は、中井俊樹 (2015)「授業における"発問"を理解する」(『教育学術新聞』平成27年7月1日号) および中井俊樹 (2015)「授業において"発問"を活用する」(『教育学術新聞』平成27年7月8日号) を原型としています。14章は、中井俊樹 (2011)「学士課程の学生に研究体験は必要か──国際的動向と論点整理」(『名古屋高等教育研究』第11号、pp.171-190) を原型としています。また、本書全体を構成する上では、中井俊樹、飯岡由紀子 (2014)「看護教員のための教授法入門①〜⑫」(『看護展望』2014年1〜12月号) の内容も参考にしています。

　本書の刊行にあたり、多くの方々からご協力をいただきました。シリーズ編者の佐藤浩章氏(大阪大学)をはじめ、葛城浩一氏(香川大学)、久保田祐歌氏(徳島大学)、栗田佳代子氏(東京大学)、清水栄子氏(愛媛大学)、近田政博氏(神戸大学)、仲道雅輝氏(愛媛大学)、橋場論氏(福岡大学)、山田剛史氏(京都大学)には、本書の草稿段階において貴重なアドバイスをいただきました。また、愛知学院大学、愛媛大学、関西大学、椙山女学園大学、名古屋大学、南山大学、羽衣国際大学、佛教大学においてアクティブラーニングに関する講演およびワークショップを担当する機会をいただき、現場の課題や意見を反映することができました。大内洋子氏(愛媛大学技術補佐員)、小川幸江氏(名古屋大学事務補佐員)、加地真弥氏(愛媛大学研究員)、神野友美氏(愛媛大学技術補佐員)、東岡達也氏(名古屋大学大学院生)、星野晴香氏(愛媛大学大学院生)には、資料の作成や書式の統一などにご協力いただきました。そして、玉川大学出版部の森貴志氏には、本書の企画のきっかけをいただき、編集やレイアウトデザインなどさまざまな点でお力添えいただきました。この場をお借りして、ご協力いただいたみなさまに御礼申し上げます。

編著者　中井俊樹

本書の構成と使い方

　本書は四つのパートから構成されています。第1部から順に読まれることを想定して書いていますが、自分の関心のあるところから読むという使い方もできます。学習の目的や学生の特徴などに応じて適切なアクティブラーニングが異なるためです。そのため、各章においても内容が完結するように心がけて執筆しました。各パートの内容は以下のようになっています。

　第1部では、アクティブラーニングについての理解を深めます。アクティブラーニングがどのような背景で注目されているのか、アクティブラーニングとはどのようなものなのか、アクティブラーニングにはどのような課題があるのかなどがわかるようになっています。

　第2部では、アクティブラーニングを授業に組み込む際に考えるべき基本的な内容を理解します。授業の設計、学習課題の組み立て方、授業時間外の学習の促進、学習成果の評価など、アクティブラーニングを組み込む際の基本的な指針がわかるようになっています。

　第3部では、学生の学習を促進するさまざまなアクティブラーニングの活用方法を身につけます。初回の授業のつくり方、発問の活用方法、ディスカッションの導き方、学生に書かせる方法、協同学習の方法、経験から学ばせる方法、事例から学ばせる方法、授業に研究を取り入れる方法、多人数授業における実践など場面別の具体的に役立つ指針、手順、工夫が身につけられるようになっています。また、アクティブラーニングを実際に用いた事例についても紹介しています。

　第4部では、アクティブラーニングを実施する際に役立つ資料をまとめています。アクティブラーニングおよびアイスブレイクそれぞれの技法とシートも掲載しています。なお、第4部の資料において説明や実例があるものは、本文中に「**ミニッツペーパー** p.166」のように、該当する語の右肩に掲載ページを付けています。

アクティブラーニング　目次

iii 「シリーズ　大学の教授法」刊行にあたって
v はじめに
vii 本書の構成と使い方

第1部
アクティブラーニングを理解する

1章　アクティブラーニングの背景と特徴を理解する

- 002 **1　学生に期待する学習を考える**
- 002 1.1 網羅を目指すことによる失敗
- 003 1.2 活動の目的化による失敗

- 003 **2　アクティブラーニングの背景**
- 003 2.1 教授から学習へ
- 004 2.2 大学教育政策による推進

- 005 **3　アクティブラーニングとは**
- 005 3.1 アクティブラーニングの定義
- 006 3.2 講義法と異なる方法
- 007 3.3 教授・学習の形態が問われる
- 007 3.4 実は身近な形態
- 008 3.5 伝統的な学習形態
- 008 3.6 多様な授業への活用

- 009 **4　期待される効果**
- 009 4.1 学習意欲の喚起
- 009 4.2 知識の習得
- 010 4.3 幅広い能力の育成

2章　アクティブラーニングの課題を理解する

- 011 **1　学習内容の量の課題**

011	1.1	時間のトレードオフ
011	1.2	本質的に重要な学習に絞り込む
012	1.3	授業時間外の学習の活用

012	**2**	**積極的に受け入れない学生の存在**
012	2.1	学生から見たアクティブラーニング
014	2.2	楽をして卒業したい学生
014	2.3	アクティブラーニングに慣れていない学生
014	2.4	特別な配慮が必要な学生

015	**3**	**求められる授業運営の技能**
015	3.1	授業の設計
015	3.2	ファシリテーターとしての教員
016	3.3	多様な意見の尊重
017	3.4	学習成果の評価

017	**4**	**アクティブラーニングの組織的課題**
017	4.1	カリキュラム
018	4.2	学習環境の整備
018	4.3	教育支援者の配置
019	4.4	研修の機会

第2部

アクティブラーニングの基本を身につける

3章　授業の設計に組み込む

022	**1**	**アクティブラーニングの手法を選択する**
022	1.1	学生の理解に重点を置く
023	1.2	科目の位置づけを理解する
023	1.3	学生の特徴を把握する
024	1.4	自分に合った教授法を選ぶ

024	**2**	**学習目標と評価方法を明確にする**
024	2.1	授業の目標から出発する
024	2.2	適切な学習目標を設定する
025	2.3	目標と評価を整合させる

026	**3**	**学習経験としてアクティブラーニングを組み込む**
026	3.1	学生の学習行動を決める
026	3.2	学習行動に適した学習形態を選択する
027	3.3	全体的な実施計画を立てる

028	**4**	**アクティブラーニングを組み込む工夫**
028	4.1	学生の意欲を高める
029	4.2	取り入れやすいものから始める
029	4.3	学内外の資源を活用する

4章　学習課題を組み立てる

031	**1**	**すぐれた学習課題とは**
031	1.1	学習目標に沿っている
031	1.2	自分で考えないとできない
032	1.3	学生の関心と能力に合っている

032	**2**	**学習課題をつくる**
032	2.1	学習目標を明確にする
033	2.2	学習目標と活動の整合性をとる
033	2.3	学習活動を選択する
036	2.4	教材や教具を準備する
036	2.5	学習成果を明確にする

037	**3**	**魅力的な学習課題をつくる工夫**
037	3.1	単調にならないようにする
038	3.2	本質的な問いに関連している
038	3.3	特定の状況を設定する
039	3.4	学生の生活と結びつける
039	3.5	仮説をもたせる

5章　授業時間外の学習を促す

041	**1**	**授業時間外の学習の重要性を伝える**
041	1.1	学習時間が短いという議論
041	1.2	前提となる授業時間外の学習
042	1.3	授業時間外の学習の活用
042	1.4	授業時間外の学習の重要性を伝える

043	**2**	**効果的に授業時間外の課題を与える**

- 043　2.1　授業設計を工夫する
- 043　2.2　適切な課題を作成する
- 044　2.3　課題の与え方を工夫する
- 045　2.4　フィードバックを与える

- 045　**3　授業時間外に知識を習得させる**
- 045　3.1　教室内のアクティブラーニングを支える
- 046　3.2　学生に教材を読ませる
- 046　3.3　反転授業を実践する

- 047　**4　授業時間外の学習を支援する**
- 047　4.1　授業時間外の対応の方針を伝える
- 047　4.2　オフィスアワーの利用を奨励する
- 048　4.3　学内の学習支援施設を活用させる

6章　学習成果を評価する

- 050　**1　学生と評価の方針を共有する**
- 050　1.1　評価の射程を広げる
- 050　1.2　評価の観点を明確にする
- 051　1.3　学習成果の模範を示す

- 053　**2　学習の改善を促す**
- 053　2.1　形成的評価を実施する
- 054　2.2　学習のプロセスを可視化する
- 054　2.3　口頭でフィードバックを与える
- 056　2.4　文書でフィードバックを与える
- 057　2.5　フィードバックの方針を理解する

- 057　**3　集団にフィードバックを与える**
- 057　3.1　代表的な学生にフィードバックを与える
- 058　3.2　学生間で相互にフィードバックをする
- 058　3.3　ICTを活用する

- 059　**4　成績評価の手法と観点を理解する**
- 059　4.1　評価の方針を確認する
- 059　4.2　プロセスを評価する
- 060　4.3　グループ活動を評価する

第3部
さまざまなアクティブラーニングの方法を活用する

7章　初回の授業で学生を巻き込む

- 064　**1　初回の授業ですべきこと**
- 064　1.1　初回の授業で雰囲気を確立する
- 064　1.2　学習目標を伝える
- 065　1.3　学習方法を伝える
- 065　1.4　評価方法を伝える
- 065　1.5　学生の準備状況を把握する

- 066　**2　学生が活動しやすい雰囲気をつくる**
- 066　2.1　教員と学生の距離を縮める
- 066　2.2　学生の名前と顔を覚える
- 067　2.3　質問・発言を歓迎する
- 067　2.4　授業内のルールを確立する

- 068　**3　アイスブレイクを活用する**
- 068　3.1　学生の不安を和らげる
- 068　3.2　アイスブレイクにはさまざまな働きがある
- 068　3.3　実施上の工夫
- 070　3.4　さまざまなアイスブレイクを活用する

- 071　**4　教室環境に配慮する**
- 071　4.1　教室環境に適した技法を選択する
- 072　4.2　座席配置を工夫する

8章　発問で思考を刺激する

- 074　**1　問われると人は考える**
- 074　1.1　伝統的な教育技法
- 074　1.2　発問と呼ばれる理由
- 075　1.3　説明・発問・指示

- 075　**2　発問のさまざまな機能を活用する**
- 075　2.1　学習意欲を喚起する

075		2.2 重要な問題に対峙させる
076		2.3 思考を焦点化させる
076		2.4 思考を拡張させる
076		2.5 学生に問いをつくらせる
077		2.6 学生の学習状況を把握する

077	**3**	**効果的な発問の方法**
077		3.1 発問を明確に与える
078		3.2 多様な種類の発問を活用する
079		3.3 考えるための時間を与える
079		3.4 適切な指示を与える
080		3.5 学生の意見を報告させる

080	**4**	**発問で学生の思考を鍛える**
080		4.1 悪魔のように問いかけをする
080		4.2 ソクラテス式問答法を活用する

9章　ディスカッションを導く

082	**1**	**ディスカッションの意義を理解する**
082		1.1 ディスカッションは教員次第
082		1.2 ディスカッションの有効性

083	**2**	**ディスカッションを準備する**
083		2.1 ディスカッションの目的を明確にする
083		2.2 中心となる問いを準備する
084		2.3 指示を準備する
085		2.4 学生が考えるための材料を準備する
085		2.5 適切な教室環境を用意する

086	**3**	**ディスカッションを運営する**
086		3.1 ディスカッションを始める
086		3.2 議論を促す
088		3.3 軌道を修正する
089		3.4 ディスカッションを締めくくる

089	**4**	**ディスカッションを活性化させる**
089		4.1 ディスカッションのルールを伝える
090		4.2 役割を与える
091		4.3 ホワイトボードを活用する
091		4.4 学生の参加度を高めるさまざまな工夫

10章　書かせて思考を促す

1　学習を促すライティングを理解する … 093
- 1.1　ライティングは大学でよく使われる … 093
- 1.2　学習を深めるためのライティング … 094
- 1.3　ライティングの意義を理解する … 094
- 1.4　適切に指示を与える … 095

2　目的に応じてライティングを選択する … 096
- 2.1　学生の先行知識を引き出す … 096
- 2.2　思考を整理する … 096
- 2.3　学習内容を整理させる … 097
- 2.4　知識の定着を図る … 097
- 2.5　授業全体の振り返りを促す … 098

3　ライティングを授業に組み込む … 099
- 3.1　書いたものを保管させる … 099
- 3.2　教員やTAが模範を示す … 100
- 3.3　学生が書いたものに対応する … 100
- 3.4　ICTを活用して書かせる … 101
- 3.5　協同して書かせる … 101

4　小論文やレポートにつなげる … 102
- 4.1　小論文やレポートを書くための準備となる … 102
- 4.2　小論文やレポートにつながる課題を与える … 102

11章　学生を相互に学ばせる

1　協同学習を理解する … 105
- 1.1　協同学習とは … 105
- 1.2　協同学習の意義を理解する … 105
- 1.3　効果的な協同学習の条件 … 106

2　協同学習を授業に組み込む … 107
- 2.1　目的と方法を明確にする … 107
- 2.2　学習課題を組み立てる … 107
- 2.3　学習環境を整える … 108
- 2.4　グループを編成する … 108
- 2.5　グループに介入する … 108
- 2.6　学習を振り返る … 109

	3	グループ編成の工夫
109		
109	3.1	誰がグループを決めるのか
111	3.2	さまざまなグループの編成方法

	4	さまざまな技法を取り入れる
111		
111	4.1	話し合いを促す技法
113	4.2	教え合いを促す技法
116	4.3	問題解決や探究を促す技法

12章　経験から学ばせる

	1	経験は学びとなる
118		
118	1.1	なぜ経験学習なのか
118	1.2	現場での経験と仮想的な経験
119	1.3	経験を学びに変えるサイクル
120	1.4	経験学習を設計する

	2	ロールプレイを組み込む
120		
120	2.1	ロールプレイの意義を理解する
121	2.2	シナリオを作成する
122	2.3	ロールプレイの手順を理解する
123	2.4	ロールプレイの工夫

	3	フィールドワークを取り入れる
124		
124	3.1	フィールドワークの長所を理解する
125	3.2	フィールドワークの準備
126	3.3	学習の過程を記録させる
126	3.4	フィールドワークに関わる人を大切にする

	4	サービスラーニングを取り入れる
127		
127	4.1	サービスラーニングの意義と種類を理解する
128	4.2	サービスラーニングの手順
129	4.3	学生の安全に配慮する
130	4.4	サービスラーニングを工夫する

13章　事例から学ばせる

	1	事例を使って学習を促す
131		
131	1.1	事例から学習することの意義
132	1.2	さまざまな学問分野で活用されている

| 133 | 1.3 事例を準備する |

133	**2　授業の中で事例を活用する**
133	2.1 すぐれた事例の特徴を理解する
134	2.2 映像を活用する
135	2.3 事例で学ぶための準備をさせる

135	**3　ケースメソッドを活用する**
135	3.1 ケースメソッドの技法
136	3.2 ケースメソッドの五つのプロセス
137	3.3 効果的な板書の方法

139	**4　PBLを活用する**
139	4.1 PBLの技法
139	4.2 PBLの手順
140	4.3 PBLを効果的に実施するための工夫

14章　授業に研究を取り入れる

142	**1　大学教育における研究活動**
142	1.1 フンボルト理念
142	1.2 学生の準備状況
143	1.3 学生に研究させる意義
143	1.4 研究を教える意義
144	1.5 いつから研究に関わらせるか

144	**2　授業に研究を取り入れる**
144	2.1 最新の研究成果を伝える
145	2.2 知識の生成の過程を理解させる
145	2.3 研究の方法を身につけさせる
146	2.4 研究者の生き方や価値観を伝える

146	**3　研究を体験させる際に検討すべき点**
146	3.1 学習プロセス重視か研究成果重視か
146	3.2 学生主導か教員主導か
147	3.3 全員対象か希望者のみか
147	3.4 個人活動かグループ活動か

148	**4　研究成果を発表させる**
149	4.1 査読のプロセスを加える
149	4.2 全員に発表の機会を与える

- 150　4.3　コンテストや学会に挑戦させる
- 150　4.4　学生の研究成果を公開する

15章　多人数授業における実践

- 151　**1　多人数授業の課題を理解する**
- 151　1.1　授業準備の重要性
- 151　1.2　学生の学習意欲の維持
- 151　1.3　教育方法の制限
- 152　1.4　評価とフィードバックの限界

- 152　**2　学生が参加しやすい学習環境をつくる**
- 152　2.1　学生を一個人として見ようとする
- 152　2.2　ルールを明確にする
- 153　2.3　タイムマネジメントを徹底する
- 153　2.4　教室内を見回る
- 154　2.5　ミニッツペーパーを活用する

- 154　**3　学生の参加度を少しずつ高める**
- 154　3.1　アイスブレイクを導入する
- 154　3.2　小さく始める
- 155　3.3　課題を与えておく
- 155　3.4　協同学習を取り入れる

- 156　**4　さまざまなリソースを活用する**
- 156　4.1　授業の小道具を活用する
- 157　4.2　ICTを活用する
- 157　4.3　視聴覚教材や実物教材を活用する

第4部
アクティブラーニングのための資料

162　1　アクティブラーニングの技法

162　1.1　ディスカッションを導く技法
- 162　シンク・ペア・シェア
- 162　ソクラテス式問答法
- 162　バズ学習
- 162　ディベート
- 163　EQトーク
- 163　列討論
- 163　ライティング・ディスカッション
- 163　トランプ式討論
- 163　スイッチ・ディスカション
- 164　ブレインストーミング
- 164　ラウンドロビン
- 164　親和図法
- 164　ポストアップ討議法
- 164　特派員
- 165　ワールドカフェ
- 165　フィッシュボウル
- 165　パネル・ディスカッション
- 165　ナンバリング・ディスカッション
- 165　LTD話し合い学習法
- 166　発言チップ
- 180　発言カード

166　1.2　書かせて思考を促す技法
- 166　ミニッツペーパー
- 166　大福帳
- 166　質問書方式
- 167　ダイアログジャーナル
- 167　リフレクティブ・ジャーナル（内省日誌交換法）
- 167　キーワード・レポート
- 167　BRD（当日レポート方式）
- 168　ラウンドテーブル

168	ピア・エディティング
168	コラボレイティブ・ライティング
168	クリエイティブ・セッション

168　1.3 学生を相互に学ばせる技法
- 168　ピア・インストラクション
- 169　ペア・リーディング
- 169　ラーニングセル
- 169　グループテスト
- 169　アナリティック・チーム
- 169　ストラクチャード・プロブレム・ソルビング
- 170　タップス
- 170　書評プレゼンテーション
- 170　ジグソー法
- 170　学生授業
- 171　橋本メソッド

171　1.4 問題に取り組ませる技法
- 171　クイズ形式授業
- 171　復習テスト
- 171　再チャレンジ付小テスト
- 171　間違い探し
- 172　虫食い問題

172　1.5 経験から学ばせる技法
- 172　ロールプレイ
- 172　サービスラーニング

172　1.6 事例から学ばせる技法
- 172　映像活用学習
- 173　ケースメソッド
- 173　PBL(Problem Based Learning)
- 173　TBL(Team Based Learning)

173　1.7 授業に研究を取り入れる技法
- 173　報道番組作成
- 173　ルポルタージュ作成
- 174　アンケート調査
- 174　フィールドワーク
- 174　PBL(Project Based Learning)
- 174　ポスターセッション

1.8 授業時間外の学習を促す技法
- 175 授業後レポート
- 175 授業前レポート
- 175 スクラップ作成
- 175 反転授業

2 アイスブレイクの技法

2.1 人間関係の向上を目的とした技法
- 176 バースデイチェーン
- 176 三つ選んで自己紹介
- 176 尋ね人
- 176 他者紹介

2.2 授業内容に関連した技法
- 177 アタック25
- 177 ○×クイズ
- 177 課題整理
- 177 概念地図作成
- 178 テレビCM
- 178 Youはなぜここに?
- 178 社会が求めるスキル

2.3 授業の方針に関する技法
- 178 シラバスレビュー
- 179 クラスルール
- 179 グループ・グラウンド・ルール

3 アクティブラーニングに活用できるシート
- 180 ミニッツペーパー
- 181 大福帳
- 182 ディスカッション用シート
- 183 ディベート準備用ワークシート
- 184 ディベート評価シート
- 185 グループ活動報告シート
- 186 グループワーク用自己評価シート
- 187 グループワーク用ピア評価シート
- 188 プレゼンテーション評価シート

- 189　プレゼンテーションのルーブリックシート
- 190　レポートのルーブリックシート
- 191　実験レポートのルーブリックシート
- 192　経験学習用シート
- 193　研究計画作成シート

194　4　アイスブレイクに活用できるシート

- 194　三つ選んで自己紹介
- 195　アタック25
- 196　グループ・グラウンド・ルール作成シート

- 197　参考文献
- 203　執筆者

第1部

アクティブラーニングを理解する

1章

アクティブラーニングの背景と特徴を理解する

1　学生に期待する学習を考える

1.1　網羅を目指すことによる失敗

　下記の文章は、ある学生の学習の状況を表したものです。あなたの担当する授業の受講生の中にこのような学習をしている学生はいませんか。そして、このような学習に対してあなたはどのように考えますか。

> 教員から提供される知識を批判的に吟味することなくノートに書きとめる。試験が近づくと、ひたすら暗記し、試験にのぞむ。試験が終了した後に、「終わった。もうこの分野について覚えなくていいんだ」とつぶやく。そして、1週間後には記憶した知識の大半を忘却する。

　上記のような学習は、表面的な学習と呼ばれることがあります（Ramsden 1992）。そのような学習を期待している教員はいないでしょう。多くの教員は、学生が学習内容の本質を深く理解し、習得した知識をその後の学習や生活の中で活用すること、それによってさらに学習意欲が高められ、主体的にその分野の学習を進めていくことを期待するのではないでしょうか。

　表面的な学習が起こる背景にはさまざまな要因があります。学生側に要因を見つけることもできますが、教員側にも要因があります。たとえば、授業の学習目標が知識の記憶のみになっている、学習の意義を学生に十分に伝えられていない、知識の記憶のみをさせるような教授法を用いている、知識の記憶を確認するテストのみで成績が決まるなどです。

1.2 活動の目的化による失敗

別の学生の学習状況についても見てみましょう。この学生の受講しているのは、アクティブラーニングが組み込まれた授業です。

> 受講している授業は、議論、フィールドワーク、学生の発表などさまざまな活動が盛りだくさん。活動が苦手な学生はそもそも履修しない選択科目であるためか、受講生の満足度は高い。しかし、授業終了時に「いろいろ活動して楽しかった。だけど、何が身についたのだろう」とつぶやく。

学生の活動が組み込まれた授業においても、学習は表面的になりえます。学生の活動という手段が目的化され、体系的な理論や枠組みなどが軽視されると、学習が断片的になったり、知識の積み重ねが不十分になったりします。このような批判は、過去に小学校の授業においても見られた現象です。当時は、過度に経験を重視するカリキュラムに対して「はいまわる経験主義」という言葉で厳しく批判されていました（矢川 1950）。

単に学生の活動を授業に取り入れるだけでは、望ましい学習を促すことはできません。学生にとって意義のある学習につながるようにアクティブラーニングを活用する必要があるのです。

2 アクティブラーニングの背景

2.1 教授から学習へ

アクティブラーニングは、日本における大きな教育改革の流れの中に位置づけられます。その流れを端的に表しているのが、「教授から学習への転換」という言葉です。教員が何を教えたのかよりも、学生が何を学習したのかという点が重視されるようになってきています。また、学生が単に知識を記憶していくという学習観から、知識は学生の中で構成され創造されるものであるという学習観への転換も見られます。

これは、大学教育のみに当てはまる流れではありません。高校教育、大学教育、大学入学者選抜においての一体的な改革が進められる中で、アクティブラーニングが改革の一つの柱として位置づいています（中央教育審議会 2014）。

アクティブラーニングという用語自体、高校までの教育改革においても使用されるようになってきています。こうした改革に伴い、高校までの学習の内容が変化し、ディスカッション、プレゼンテーション、探究活動などを経験する機会が増えています。

同様に、大学入学者選抜のあり方についても変化が見られます。筆記試験による知識偏重の入学試験からの脱却が試みられてきています。小論文、面接、集団討論、活動報告書などが取り入れられ、知識、技能だけでなく、思考力、判断力、表現力等の能力や主体性をもって多様な人々と協働する態度など、受験生の広い資質や能力を評価するようになっています。

この教育改革の流れは日本のみに当てはまるものではありません。むしろ、日本へはこの流れが遅れてやってきたという方が適切かもしれません。教授から学習への転換は世界の多くの国において進められているのです (Barr & Tagg 1995)。

2.2 大学教育政策による推進

アクティブラーニングは、日本の大学教育政策において推進されています。2012年の中央教育審議会答申『新たな未来を築くための大学教育の質的転換に向けて』においてアクティブラーニングが取り上げられ、大学教育政策の重要なキーワードになりました。そして、国の大学支援事業などにおいて、アクティブラーニングの導入を進める大学に対して資金が提供されるようになりました。

政策の背景としては、さまざまな要因が指摘されています。まず、大学の卒業生に対して専門分野の知識だけでなく幅広い能力が求められるようになったことです。具体的には、学士課程共通の学習成果に関する参考指針として、学士力という概念が提示されています (中央教育審議会 2008)。学士力は、知識・理解、汎用的技能、態度・志向性、統合的な学習経験と創造的思考力から構成されています。このような能力は講義中心の授業のみでは形成されにくいものであり、大学の教育方法に対しても検討が迫られるようになったのです。

高等教育のユニバーサル化もその要因の一つです。学習意欲や目的意識の低い学生に対して、いかに主体的な学習態度を身につけさせるかが課題となっています。そのような態度を育成する上で、学生の主体的な参加を促す授業が求められています (中央教育審議会 2008)。

さらに生涯学習という観点からもアクティブラーニングが推進されて

います。アクティブラーニングでは、学習者自身が学習に主体的に取り組めるようさまざまな工夫がされています。将来の予測が困難な社会においては、学習者のある時点までの学習でその後の長いキャリアを築くことは難しくなります。生涯にわたって学び続ける力を身につけさせるためにも、主体的に学ぶ姿勢を習得させやすいアクティブラーニングが注目されるようになってきたのです。

3 アクティブラーニングとは

3.1 アクティブラーニングの定義

　アクティブラーニングとはどのようなものでしょうか。政策によって推進されているので、政策文書からその定義を確認してみましょう。中央教育審議会答申『新たな未来を築くための大学教育の質的転換に向けて』では、アクティブラーニングが次のように定義されています。

> 教員による一方向的な講義形式の教育とは異なり、学修者の能動的な学修への参加を取り入れた教授・学習法の総称。学修者が能動的に学修することによって、認知的、倫理的、社会的能力、教養、知識、経験を含めた汎用的能力の育成を図る。発見学習、問題解決学習、体験学習、調査学習等が含まれるが、教室内でのグループ・ディスカッション、ディベート、グループ・ワーク等も有効なアクティブ・ラーニングの方法である。(中央教育審議会 2012、p.37)

　アクティブラーニングの説明であるにもかかわらず、直訳したような「能動的な学修」という用語が説明に使用されているため、わかりにくいかもしれません。しかし、説明をよく読むと、講義形式の教育とは異なる点、教授・学習法の総称である点、さまざまな能力の育成を目指している点、いくつかの具体的な方法が記されている点などから、アクティブラーニングがどのようなものであるかが大まかに理解できます。

　次に、教育学者の定義を確認してみましょう。アクティブラーニングにはさまざまな定義がありますが、ここでは代表的な定義を一つだけ取り上げます。

一方向的な知識伝達型講義を聴くという（受動的）学習を乗り越える意味での、あらゆる能動的な学習のこと。能動的な学習には、書く・話す・発表するなどの活動への関与と、そこで生じる認知プロセスの外化を伴う。(溝上 2014, p.7)

中央教育審議会がアクティブラーニングを教授・学習の方法としているのに対して、溝上の内容は学習法に限定されているなどの違いはみられますが、アクティブラーニングを説明する際に「能動的な学習」という用語を使用している点、講義法とは異なるとしている点などの類似点も見出せます。

上の二つの定義はともに学習の形態に着目したものになっています。学習の形態に着目した定義はわかりやすいものの、それに対する批判的な意見もあります。たとえば、講義法であっても、学習者が深く学習していれば能動的な学習をしていると見なせるのではないかといった意見です。さらに、アクティブラーニングは単なる手法ではなく、学習者の姿勢や態度まで含んだ概念であるという意見もあります。

アクティブラーニングの定義にはさまざまな論争があります。それは、学習の能動性が外部から直接判断できないことに起因します。アクティブラーニングを定義することが困難であることは多くの研究者によって指摘されています（Meyers & Jones 1993、Prince 2004、須長 2010、溝上 2014）。

本書では、教授・学習の形態に着目した中央教育審議会による定義を使用します。教授・学習の形態に着目することで、教員にとって具体的な教授法が明確になるからです。

3.2 講義法と異なる方法

アクティブラーニングは、講義法と異なる教授・学習法です。したがって、アクティブラーニングとその意義を理解する上でも、講義法の特徴を理解することが重要です。

講義法は、ある学習内容について、教員が説明することで学習者に学習させる方法です。多くの聴衆に多くの情報を一度に伝達できるという特徴があります（ブライ 1985）。一方、講義法は参加者が受け身になりやすいという弱みをもっています。受け身の学習が続けば、私語や睡眠を誘発することもあります。

また、講義を聞くだけでは身につけることができない領域の能力があり

ます。かけ算の方法を身につけるには、説明されるだけでは不十分で、何度も練習問題を解く必要があります。同様に、自転車の乗り方を説明されただけでは、自転車に乗れるようにならないでしょう。つまり、講義法では、知識の活用や技能の習得などの学習目標に対しては十分な効果が期待できないのです。

しかし、講義法がなくならないことも多くの識者によって指摘されています（ブライ 1985、Exley & Dennick 2009）。講義法は主な教授法の一つであり、知識の伝達は依然として重要です。アクティブラーニングは、講義法の課題を補完する方法として活用されることが期待されているのです。

3.3 教授・学習の形態が問われる

アクティブラーニングは教授・学習の形態を問うものであり、その内容や質を問うものではありません。当たり前ですが、アクティブラーニングを取り入れれば自動的に授業の学習成果が向上するというものではありません。学生にさまざまな活動をさせても学習につながらない可能性もあります。アクティブラーニングは手段にすぎないということを理解しておきましょう。

そのため、アクティブラーニングを授業に取り入れる際には、学習の質にこだわる必要があります。学生は、学習の質ではなく、アクティブラーニング自体に満足感を覚えるかもしれません。しかし、アクティブラーニングは手段であり、教員は学習自体が質の高い学習につながるように学習活動を設計し、実際に質の高い学習になっているのかどうかを確認することが必要になります。

3.4 実は身近な形態

アクティブラーニングは新しい用語と言えますが、従来の大学教育にアクティブラーニングが存在しなかったわけではありません。学生に発言させる、議論させる、書かせる、発表させる、小テストを受けさせるなど、多くの授業で取り入れられてきた活動は、定義と照らし合わせてみてもアクティブラーニングであると言えます。

大学設置基準では、講義以外の授業形態として、演習、実験、実習、実技、卒業研究、卒業制作などが提示されています。それらの授業形態での学習も、アクティブラーニングです。

このように既存のさまざまな教授・学習法を含む総称としてアクティブ

ラーニングという用語が使用され推進されているのです。アクティブラーニングは実は多くの教員にとって身近なものと言えるでしょう。実際は、すべての授業を一方的な説明から構成される講義法のみで教えている教員の方が少ないのかもしれません。

3.5 伝統的な学習形態

大学の教育はその歴史から三つの原型に分類されることがあります(金子 2013)。中世の大学を起源とする職業教育、イギリスの大学を起源とする教養教育、ドイツの大学を起源とする研究教育です。職業教育、教養教育、研究教育の三つの教育には、それぞれに対応した伝統的なアクティブラーニングがあります。それらは、長い歴史を越えて現在まで継承されています。

職業教育においては、実習や実技です。たとえば、教員養成の分野における教育実習や、医療系の学部での臨床実習などがあります。教養教育においては、チュートリアルという個別指導の方法があります。チュートリアルでは、週1回1時間、学生1～3名に1名の教員がつき、毎週課題文献リストが渡され、指定された文献を読んだ上でエッセイを執筆し、教員との間で質疑や議論が行われます。研究教育においては、演習、実験、卒業研究などです。学生に学問分野の方法を使って研究を体験させます。

3.6 多様な授業への活用

具体的なアクティブラーニングの活動を考えると、ディスカッションやグループワークなどは少人数授業においてすでに取り入れられていることに気づくのではないでしょうか。

アクティブラーニングの技法の中には、少人数授業で実施している方法を多人数授業でも実施できるように工夫した技法が見られます。たとえば、あるテーマについて学生に議論をさせたいと考えたときに、少人数授業であればクラス全体で議論することができますが、多人数授業の場合はグループにわけて議論をさせた後に全体で議論をするなどの工夫が必要になります。

同様に学生が書いてきたレポートに対してフィードバックを与えたいときに、多人数授業では学生同士でコメントさせる作業を取り入れたり、代表的なレポートに対して教員がフィードバックを与えたりするなどの工夫が必要になります。このように、アクティブラーニングには、少人数授

業で行ってきた技法を多人数授業などの広範囲の授業に拡張していくという側面があります。

4 期待される効果

アクティブラーニングを授業に取り入れる際に、学生の学習に対してどのような効果が期待できるでしょうか。ここでは期待できる効果を三つに分類して紹介します。

4.1 学習意欲の喚起

期待できる効果の一つは、学習意欲の喚起です。講義法による授業では参加者が受け身になりやすいため、学習への意欲や集中力を持続できない学生もいます。アクティブラーニングを導入することで、授業の中での学生の活動に変化が加わり学習への意欲を維持したり高めたりすることが期待できます。

また、アクティブラーニングの中には、ディスカッションのように他の受講生との関わりをもつ活動もあります。学生にとって他の受講生の学習や意見は刺激になり、また自分の学習や意見が他の受講生の学習にもつながるため、学習に対する責任感をもつことにもなります。

4.2 知識の習得

知識の習得もアクティブラーニングによって促すことができます。学生の知識の習得を促進するためには、教員が一方的に知識を伝達するだけでは十分ではありません。質問に答える、自分の言葉で説明する、学生間で教え合うなどの活動を通して、学生は深く理解することができます。また、小テストなどを通して、学習者の中で定着していない知識を認識させることができます。

アクティブラーニングを取り入れることで、教員も学生の学習の状況を把握することが容易になります。学生の発言、小テストの結果、ミニッツペーパーなどをもとに、授業の中で補足説明をするなどの工夫ができます。

4.3 幅広い能力の育成

　アクティブラーニングを通して幅広い能力の育成が期待されています。その一つは、問題解決能力などの専門的知識の活用です。授業の中の学習活動を通して、単に知識を習得するだけでなく、その知識をさまざまな場面で活用していく能力を身につけることができます。

　また、現在では大学の卒業生に対して、専門分野の知識だけでなく、コミュニケーション能力や倫理観などを含む幅広い能力が求められるようになっています。それらの能力を育成する手段として、アクティブラーニングに期待が寄せられています。特に、技能や態度は講義法のみを用いる授業では十分に身につけさせることができません。

　アクティブラーニングにおいては、自分の意見を述べたり、グループで学習課題に取り組んだり、実際の現場を体験したりすることで、幅広い能力を向上させることができます。アクティブラーニングが汎用的能力の育成に有効であることは、調査でも明らかにされています（ベネッセ教育研究開発センター 2009）。

　さらに、アクティブラーニングを通して、学生に学び方を学ばせることも期待されています（フィンク 2011）。学習方法や学習習慣を身につけさせることで、授業が終わった後も自分自身で学習することが可能になります。

2章

アクティブラーニングの課題を理解する

1　学習内容の量の課題

　アクティブラーニングは学生の学習の質を向上させる一つの手段ですが、万能ではありません。アクティブラーニングにはさまざまな課題があります。アクティブラーニングの課題の一つは、扱うことのできる学習内容の量にあります。

1.1　時間のトレードオフ

　「私の担当する授業は教えなければならない内容が多いため、アクティブラーニングを取り入れることはできない」と主張する教員は少なくありません。もともと必要となる知識が多い医療系の学部以外にも、多くの学問分野において必要となる知識が急速に増加しているため、教員は、それらの知識を網羅しなければならないという責任を感じているものです。
　アクティブラーニングは学生の活動に時間を要します。学生に考えさせたり議論させたり発表させたりする時間は重要ですが、そのような学生の活動が増加すればするほど、教員が知識を提供する時間が減少します。その結果、教員が教えたいと考える知識を提供することができなくなります。そのため、教員が知識を提供する時間とアクティブラーニングの時間とをバランスよく設定することが重要です。

1.2　本質的に重要な学習に絞り込む

　教員が学問分野の知識を網羅したいと考えることに対して注意を促す研究者もいます（ウィギンズとマクタイ 2012）。網羅したいという志向性は、教

科書の消化ページを増やすことのみに意識を向かわせ、その結果、学生の
ニーズや関心、学習内容の優先事項などを検討しなかったり、学習目標自
体も達成できなくなったりする可能性があることを指摘しています。そ
の上で、本質的な問いを中心に学習内容を絞っていくことを提案してい
ます。

ただし、この問題は学習目標との関係で慎重に検討すべきです。より多
くの知識を獲得することが重要なのか、それとも、本質的な知識について
深く理解することが重要なのかを、授業担当者として十分に考えるべきで
しょう。

1.3 授業時間外の学習の活用

アクティブラーニングにおける学習内容の量に関しては、授業時間外の
学習を含めて設計する必要があります。日本の学生の学習時間は諸外国の
学生と比較して著しく短いことが指摘され、大学教育の政策においても課
題とされています(中央教育審議会 2012)。

授業時間外の学習を有効に活用する事例は見られます。一例を挙げる
と、授業時間外に予習として知識の習得をさせ、教室内ではすでに学習し
た知識をアクティブラーニングで活用させるといったものです。特に近年
では、eラーニングなどを活用して授業時間外に知識を効果的に提供する
ことが容易になっています。

2 積極的に受け入れない学生の存在

アクティブラーニングはすべての学生が積極的に取り組みたいと考え
ているわけではありません。中には、講義法の授業を聴き、丁寧にノートを
とって学習する方を好む学生もいます。あるいは、人前で話すことが苦手
であったり面倒に感じたりする学生も、アクティブラーニングには消極的
な姿勢を示すでしょう。選択科目の授業であれば、初回の授業で学習方法
の説明を聞いた直後に、別の授業に登録を変更する学生もいるかもしれま
せん。

2.1 学生から見たアクティブラーニング

学生がアクティブラーニングをどのようにとらえているのかについて

2章　アクティブラーニングの課題を理解する

は、全国の学生を対象としたいくつかの調査結果があります。図1のグラフは、東京大学が実施した調査の結果です。この結果からは、授業中に自分の意見や考えを述べたり、グループワークなどに学生が参加したり、適切なコメントが付されて課題などの提出物が返却されたりすることに対して、必要であると考えている学生は自らが経験したという学生よりも多い割合で存在することがわかります。つまり、この調査では学生がアクティブラーニングに前向きな姿勢であることが示されています。

一方、図2のグラフは、ベネッセ教育研究開発センターが実施した調査の結果です。この結果からは、学生が自分で調べて発表する演習形式の授業よりも、教員が知識や技術を教える講義形式の授業の方を多くの学生が好んでいることがわかります。つまり、この調査では、学生がアクティブラーニングに後ろ向きな姿勢であることが示されています。

つまり、二つの調査からは、アクティブラーニングの必要性は理解しているものの、自分自身の学習としては講義形式の授業で学習したいと考え

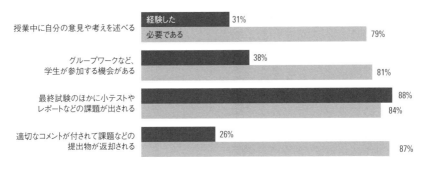

図1　学生から見たアクティブラーニング1（出所　東京大学 大学経営・政策研究センター、2007）

図2　学生から見たアクティブラーニング2（出所　ベネッセ教育研究開発センター、2013を参考に作成）

るという学生の二面性が表れていると言えるでしょう。

2.2 楽をして卒業したい学生

　教員が理解しておくべきことは、楽をして卒業したいと考える学生の存在です。そのような学生は、講義法による授業の方が楽であると考えるようです。講義法の授業ではとりあえず出席して聞いていればよいが、アクティブラーニングの授業ではさまざまな活動に参加しなければならないので大変だと考えるようです。

　大学教育に対して、4年間を通して大きく成長したいと考える学生もいる一方、できるだけ苦労せずに学位を取得したいと考える学生もいます。そのため、アクティブラーニングを通して知識や技能を定着させる授業よりも、成績評価の甘い授業を選択するという学生はいます。このような学生に対しては、大学で期待される学習やアクティブラーニングの意義を根気よく学生に理解させていくことが求められます。

2.3 アクティブラーニングに慣れていない学生

　大学での学習の意義を認識しつつも、アクティブラーニングの形態の学習に慣れていないという学生もいます。講義形式の授業に慣れている学生が、アクティブラーニングによる学習を時間の無駄ととらえる場合もあります。

　将棋のルールを知らない人に、将棋の楽しみはわかりません。同様に、アクティブラーニングを通した学習の方法を知らない学生に、アクティブラーニングの意義やおもしろさを実感させることは難しいでしょう。

　たとえ学習活動の意義を理解したとしても、自分にはできないと考えてしまうと学生はその学習活動に取り組まないものです。アクティブラーニングを進めるには、自分にはできるという自信をもたせることが必要です。このような自信は、成功体験を積ませることで高めることができます。つまり、簡単な学習活動から始めることで円滑に高度な学習活動に取り組ませることができます。

2.4 特別な配慮が必要な学生

　コミュニケーション能力やプレゼンテーション能力など、アクティブラーニングで活用される能力の育成は、大学教育の中で重要なものになってきています。したがって、そのような活動が苦手な学生に対しても、少し

ずつ能力を育成するべく支援することが求められています。

　一方、特別な配慮が必要な学生がいることも忘れてはなりません。その一例が障害のある学生です。聴覚障害や発達障害のある学生の中には、グループでの議論などの活動に困難を伴う者がいます。初回の授業で授業の進め方を説明した後に、個別に面接を行い希望する支援内容を聞く必要があります。また、必要に応じて大学内の専門部署と連携をとりながら適切な配慮をしていくことが求められます。

3　求められる授業運営の技能

　アクティブラーニングを取り入れた授業では、講義法とは異なる授業運営の技能が求められます。教員がそのような技能を身につけることも課題の一つです。

3.1　授業の設計

　アクティブラーニングを取り入れた授業では、学習目標に沿って活動が十分に配慮されて設計されていることが重要です。学習目標を軽視し活動そのものに重きを置きすぎると、単に活動しているだけの状況になり、学習につながらないおそれがあります。場合によっては、時間を無駄にしたり非生産的な活動になったりしてしまう可能性もあります。学習目標につながるような活動になっているかどうかを確認しましょう。

　また、授業の設計段階において考えるべきことは少なくありません。座席の配置、アイスブレイク、段階的な学習活動、適切な課題や発問、グループ編成の方法、想定される学生の発言などです。さらに、教材や教具の準備も必要になります。**ケースメソッド**p.173を実施するのならケースやワークシートを作成する必要があります。

3.2　ファシリテーターとしての教員

　アクティブラーニングを進める際、教員にはどのような役割が求められるのでしょうか。簡単な言葉で表すと、学生の学習に対する促進者、つまりファシリテーターの役割です。講義法の授業と同じく、知識の提供者としての役割も求められますが、アクティブラーニングを取り入れた授業では、学生の学習を促進するという役割がより重要になってきます。

アクティブラーニングを通して学生の学習を促進するためにさまざまな技能が必要になります。学生を活動に取り組ませる際にも、学生に丸投げしては学習が順調に進みません。学生を動機づけることも必要であり、ディスカッションで議論がそれたときにはうまく軌道修正をする必要もあります。また、グループでの学習を取り入れる場合、うまく学習が進まないグループへ適切に助言する技能なども必要です。

学生にグループで議論をさせている最中に、教員は自分の考えを伝えたくなるものです。しかし、教員の介入が多くなり場を仕切るようになると、学生は主体性をなくしてしまうかもしれません。多少の沈黙を我慢したり、発言していない学生に意見を求めたりすることの方が必要になる場面も多いでしょう。

また、アクティブラーニングに取り組ませている以上、学生の前では教員自身も学習に対する能動的な姿勢をとる必要があります。学生によっては教員がロールモデルになりうるからです。授業に対して前向きに楽しむ姿を見せましょう。

3.3 多様な意見の尊重

アクティブラーニングでは学生から多様な意見が出されることを教員が促進する必要があります。そのため、「この授業では学生の積極的な質問や意見を歓迎します」「間違っていても構わないのであなたの考えを教えてください」「まずは意見を述べてくれてありがとう」といった言葉で学生に伝えましょう。

一方、アクティブラーニングでは学生からさまざまな意見が出されることがあります。時には差別的な発言があるかもしれません。さまざまな立場の学生がいることを考慮し、差別的な言動に注意を払うように説明することも必要です。授業が始まる際に、学生に以下のように明確に伝えておきましょう。

> この授業では、受講生の多様な考え方や経験を尊重します。受講生のみなさんにも、自分と異なる考え方や経験を尊重し、ともに学び合う雰囲気に貢献してください。しかし、誰かを傷つける差別的な言動は受け入れられないことを理解しておいてください。

3.4 学習成果の評価

アクティブラーニングを通して広い学習成果が期待できます。その結果、たとえば、知識の活用の程度、技能の習得の程度、態度の育成の程度を評価する必要性が生じます。そのような場合に、どのような評価方法が適切であるのかを検討する必要があります。具体的には、従来型の筆記試験とレポートで対応できるか検討すべきでしょう。

また、学習成果の評価についてはさまざまな実践上の課題があります。グループによる学習の評価はその一例です。アクティブラーニングの技法の中には、グループでの課題に取り組ませるものが少なくありません。グループでの学習について、各学生をどのように評価するのかは大きな課題です。たとえば、4名グループのうち1名がグループに貢献しなかった場合、その学生の評価をどのようにするのかなどもその一つです。

4　アクティブラーニングの組織的課題

授業にアクティブラーニングを効果的に取り入れる上で、個々の教員の努力では解決できない組織的な課題もあります。以下に挙げる組織的な課題は大学内での議論を通して解決することが求められます。アクティブラーニングに適した環境整備に向けた働きかけを同僚とともに行うことも教員の責任と言えます。

4.1　カリキュラム

組織的な課題の一つは、カリキュラムです。アクティブラーニングという観点から系統的で段階的なカリキュラムが設計されていれば、個々の授業ではアクティブラーニングを活用するのが容易になります。たとえば、自分が担当する授業を受講する以前に、学生がディスカッションをすでに経験していれば、授業の中でより高度なディスカッションを取り入れることが容易になります。実際に、4年間のカリキュラムをアクティブラーニングという観点で系統的に設計している大学もあります（河合塾編 2013）。

また、授業の開講の形も教育方法に影響を与えます。たとえば週複数回授業を開講すれば、月曜日の授業は講義法、木曜日の授業はアクティブラーニングといったように組み合わせることができます。アメリカの大学などで利用されている方法です。週複数回授業を導入することによって学

生が履修する授業科目数が減少し、授業時間内外の学習に集中できるという効果もあります。

　クラス規模もアクティブラーニングのあり方に影響します。たとえば100名を超える学生を対象とする授業の場合、効果的に活用できるアクティブラーニングの技法は限られます。組織的にアクティブラーニングを導入するのならば、クラス規模の上限を設定することも必要になります。

4.2　学習環境の整備

　学習環境の整備も組織的な課題です。机とイスが固定された階段教室は、講義形式を想定した教室です。そのような教室でも学生間のディスカッションは可能ですが、実践の難しさは感じるでしょう。現在では、学生間のディスカッションを想定した演習用教室がさまざまな大学に設置されています。演習用教室ではグループごとにホワイトボードなどが備わっていることも多く、グループでの議論や学習成果を共有する際に便利です。模擬裁判の**ロールプレイ**[p.172]が進めやすい法廷教室などを設置している大学もあります。

　無線LANを整備することによって、パソコンやタブレットを使い、インターネットに接続しながら授業を進めることもできます。教員の質問に対する学生の回答をパソコンで受信するクリッカーなどの機器を用意している大学もあります。また、授業時間外の学習を支援するために、ラーニングコモンズなどの学習環境を整備する方法もあります。

4.3　教育支援者の配置

　教育支援者の配置も組織的な課題です。ハーバード大学のサンデル教授が担当する「正義」に関する授業は、1,000名近くの学生を対象としています。大講堂で多人数の学生を対象とする授業にもかかわらず、学生に問いを投げかけ、学生の活発な議論を引き出しています（ベイン2008）。

　サンデル教授が多人数の学生を対象に活発な議論を引き出している理由には、彼の卓越した教授スキルもありますが、それ以外のものもあります。その一つが、授業を補助するTA（ティーチングアシスタント）の存在です。サンデル教授の授業では、実施前に多数のTAが学生と授業内容について議論を深めていくセッションが設けられています。そのようなTAによる事前学習の機会があるため、大講堂であっても活発な議論を引き出すことができるのです。

4.4 研修の機会

アクティブラーニングに関する教授法を教員が身につける機会を提供することも大学の組織的な課題と言えます。アクティブラーニングの教授法のノウハウをどのように収集し、整理し、広く共有するかを、組織として検討する必要があります。

大学においてFDの実施が義務化されていますが、アクティブラーニングに関わる研修は重要なテーマの一つとなるでしょう。アクティブラーニングのノウハウの共有においては、専門分野別の研修も有効です。専門分野によって活用すべきアクティブラーニングの技法が異なる場合があるからです。

研修の対象は教員だけではありません。TAなどの教育支援者に対する研修を用意することも組織的な課題と言えます。

第2部

アクティブラーニングの基本を身につける

3章

授業の設計に組み込む

1　アクティブラーニングの手法を選択する

1.1　学生の理解に重点を置く

　授業で学生にグループでの議論や発表を行わせようと考える教員は多いでしょう。しかし、学生の活動を授業に取り入れたからといって、必ずしも学生の深い学習を促すとは限りません。アクティブラーニングを取り入れる際に陥りやすい罠の一つは、楽しい活動はしているが、知的に得られるものが非常に少ない授業となることです。活動を通じて思考を深めたり知識の新しい活用方法に気づいたりすることを教員が期待していても、学生は活動したことで学習したと考えてしまう傾向があるためです。

　授業を教授者中心のものから学習者中心のものに転換しようと試みる際には、「学生が理解をしていくプロセス」を理解して授業の設計を行う必要があります。具体的には、学生が行う活動について、次のような問いに答えられるようにすることです（ウィギンズとマクタイ 2012）。

- 学生はどのような活動を行うのか
- なぜ学生にその活動に取り組むことを求めるのか
- その活動は、どのようなことをするときに役立つのか
- その活動は、あなたの経験とどのように関連しているのか
- あなたは、どのようにしてそれを学習したことを示すのか

　アクティブラーニングを授業に取り入れようとしている教員であれば、学生が単に知識を得るだけにとどまらず、その知識を活用して問題解決に応用したり、知識が生成された背景や原理までを理解したりすることを、

学生に期待しているでしょう。

1.2 科目の位置づけを理解する

　授業の設計をする際に、教員が自分で「何を教えたいか」から考え始めると、学部や大学が掲げる教育目標と整合しない授業となるおそれがあります。アクティブラーニングを授業へ取り入れる際は、担当する授業にどのような学習成果が求められているかを理解することから始めましょう。

　担当科目の位置づけを理解する上で不可欠な作業は、カリキュラムポリシーや科目区分で定められた開講趣旨を理解することです。たとえば、多くの大学で導入されている初年次セミナーでは、「読む」「書く」「調べる」「発表する」などの能力の育成を掲げています。その場合は、そうした学習成果につながるアクティブラーニングの手法を取り入れることが求められていると言えます。教育は個人で行うものではなく、教員間での協働の視点が求められていることを理解しましょう。

　担当科目の位置づけを理解する際に、他の教員のシラバスを参照することも役立ちます。シラバスには他の授業における学生の学習活動が具体的に記述されています。他の授業で学んだ知識や経験を前提とした課題を取り入れると、相互に関連性が高い授業を設計することができます。

1.3 学生の特徴を把握する

　授業の設計において学生の特徴を把握しておくことが重要です。特にアクティブラーニングを取り入れた授業の設計では、学生がどのような予備知識をもっているかだけでなく、どのような学習を経験してきたかを確認することが重要です。

　たとえば、学生がそれまでに発言や議論をほとんど経験していないにもかかわらず、学習の進行を学生に大きく委ねる授業を行うと、学生が戸惑って効果的に学習できない可能性があります。その場合は、2人組で議論するなどの簡単な活動から始め、段階的に複雑な活動を取り入れた方がよいでしょう。

　初回の授業において、「中学生以下の携帯電話の使用を禁止すべきであるかどうか」といった身近な内容のディスカッションを実際に行ってみて、学生がアクティブラーニングに慣れているかどうかを確認してもよいでしょう。

1.4 自分に合った教授法を選ぶ

授業設計の前提となる科目の位置づけと学生の特徴を理解しても、自分が十分に使いこなせない教授法を選択することはできないでしょう。講義では、教員が発言する内容の多くは知識に関する説明です。しかし、アクティブラーニングを取り入れると、学生への指示、議論や活動への介入などが必要になります。学習者中心の授業へ移行する過程では、自らが実践できるものから授業に組み込んでいく慎重さが必要です。

2 学習目標と評価方法を明確にする

2.1 授業の目標から出発する

アクティブラーニングを授業の設計に組み込む際には、ディスカッションを取り入れよう、**フィールドワーク**p.174 を取り入れようといったように技法から考えるのではなく、授業の目標を定めてから必要な技法を選択するという順序で考えます。

一般に、アクティブラーニングを授業に取り入れる際は、①学生の到達目標を明確にする、②到達したことを確認するための学生の学習成果を決める、③必要な学習経験を用意する、という順に設計します。特に、授業中のアクティブラーニングの経験を成績評価の際に発揮できるよう、成績評価の方法と授業内容に整合性をもたせることが大切です。

2.2 適切な学習目標を設定する

アクティブラーニングを取り入れる教員は、学生に、知識を獲得するだけでなく、知識の背景や周辺の情報と合わせて深く理解し、問題解決や意思決定に活用してもらいたいと考えるでしょう。その際に、学習目標には複数の種類があることを理解しておきましょう。

よく利用される学習目標の分類として、ブルームの学習目標の分類があります（表1）。これは、目標の内容に応じて認知的領域、情意的領域、精神運動的領域の三つに分けるものです（梶田 2005）。認知的領域には、知識の獲得と活用に関する目標が含まれます。情意的領域には、態度の受け入れと内面化に関する目標が含まれます。精神運動的領域には、技能の獲得と熟達化に関する目標が含まれます。

講義では、認知的領域の理解レベルを中心にせざるをえませんが、アク

表1　ブルームの学習目標の分類

6	評価		
5	統合	個性化	自然化
4	分析	組織化	分節化
3	応用	価値づけ	精密化
2	理解	反応	巧妙化
1	知識	受け入れ	模倣
水準	**認知的領域**	**情意的領域**	**精神運動的領域**

出所　梶田（1983）、p.112

ティブラーニングは、より高次の認知的目標の到達を中心に設定することができます。また、技能や態度に関する目標を中心にできる点もアクティブラーニングの長所です。

　一方で、低次の目標を軽視した目標設定は適切ではありません。知識の獲得を前提とせずに高次の目標を達成しようとすると、活動自体が目的化され、到達目標の達成に至らない結果になることもあります。

2.3　目標と評価を整合させる

　どのような授業でも、学生の成果をどのように評価するかは重要な問題です。授業内で議論や発表などの活動を求めながら、成績評価は筆記試験のみで行うとした場合、多くの学生は授業中の活動に十分取り組めなくなるでしょう。アクティブラーニングを取り入れる際には、評価方法にも工夫が必要です。具体的には、学生の学習成果が評価できる課題を与えます。たとえば、次のような課題が参考になるでしょう（ウィギンズとマクタイ 2012）。

・特定の河川の水質を化学分析し、地域の環境事業所に浄水のコンプライアンス状況を報告する
・電気回路システムを修理するマニュアルやガイドを作成する
・小学生が引き算を理解できるよう、タイルや棒などの手で操作する用具を用いた教材を開発する
・決められた予算内で、5人家族1週間分の、健康的な食事と間食のメニューを計画する

・日本、アメリカ、中国、ドイツの歴史教科書で、第二次世界大戦の記述がどのようなものかを比較し、日本の学校で教材として用いることの是非を論じる

3 学習経験としてアクティブラーニングを組み込む

3.1 学生の学習行動を決める

　授業とは、学生のいくつかの学習行動を組み合わせたものです。授業を細分化すると、講義を聴く、質問を考える、隣の人に話してみる、新たな資料を読む、考えを記述する、確認テストに解答するなどの学習行動が挙げられます。教員は、毎回の授業において、こうした学習行動の順序や段階を設定し、学習の進行に伴って学習意欲が高まるように配列します。

　アクティブラーニングを取り入れた授業では、次の四つの観点で学生の学習行動を決めるとよいでしょう。

・学生が後に続く作業に対して準備や対応ができるようにする
・学生が学習した内容を実際に試す機会をつくり、その結果についてフィードバックを与える
・学生の学習状況を評価する
・学生が自らの学習を振り返る機会をつくる

3.2 学習行動に適した学習形態を選択する

　学習形態を選ぶ際には、以下の三つの側面から学生にどのような学習をさせるのかを考えてみましょう。

1 | 一斉学習、個別学習、協同学習

　学習をどのような単位で行うかという観点で、一斉学習、個別学習、協同学習という分類ができます。

　一斉学習は、教員がクラス全体に対して授業を進めていく学習です。学習者全員を巻き込んでのディスカッションなどが有効です。個別学習は、学習者のそれぞれの能力に応じて学習目標を達成させようとする学習です。学習者一人一人の個性や能力に十分に対応することができます。

　個別学習では、ライティング活動を組み合わせることで、学習者それぞ

れの進捗状況や理解度を測りながら学習を促すことができます。また、協同学習は、学習者を小グループに分けて、グループのメンバーが互いに力を合わせて進めていく学習です。グループに分かれて行うディスカッションや、**ロールプレイ** p.172 など多様なアクティブラーニングを組み合わせることができます。

2 | 教室内学習と教室外学習

　教室内で行うのか教室外で行うのか、学ぶ場所という観点でも学習は分類できます。教室外の学習では、教室内ではできない経験をすることができます。美術作品や建築物を見学させたり、実際の職業現場を体験させたりすることができます。教員のいない場所で学習する場合、学生の主体的な学習の促進や学習習慣の定着が期待できます。

　また、授業時間外に学生に教室外で学習させることも重要です。授業時間外に知識を習得させることができれば、教室内ではその知識の活用に時間を注ぐこともできます。

3 | 対面型学習とオンライン学習

　対面型学習を行うのかオンラインでの学習を行うのかという観点でも学習は分類できます。対面型学習は、通常の授業のように教員と学生が対面しながら学習を進めていく形態です。一方、オンライン学習は、学生がパソコン等各種端末の画面を通して学習していく形態です。

　オンライン学習では、学生が自身の学習速度に合わせて学習することができます。教員があらかじめ録画しておいた講義を視聴させることもできます。学生の予習、復習用に、また授業を欠席した学生のためにも活用することができます。

3.3　全体的な実施計画を立てる

　これまでの段階をふまえて、アクティブラーニングを取り入れた授業の実施計画を立てます。全体的な実施計画を立てる際には、授業時間外の学習を活用することも考慮しましょう。

　授業の実施計画は、簡単な活動から難しい活動へ、アクティブラーニングに慣れていなくとも参加できるものから複雑なものへ、時間を要しない活動から時間を要するものへという順序で配列します。また、時間がかかる活動では、授業時間外の学習活動も用意します。多くの大学で授業時間

は90分です。その中で学習活動を指示し、活動を振り返るとすれば学生が活動する時間は40〜60分程度になります。この時間を有効に使えるよう、知識の獲得を事前予習課題にするなど、授業時間外と授業時間内の関連性を高めるようにします。

グッド・ティーチング賞を受賞した授業の設計

事例 習得すべき知識量が多い授業において効果的に授業設計している例には、女子栄養短期大学部の「解剖生理学」の授業があります（栗田 2012）。この授業は、栄養士を目指す学生を対象にした専門必修科目で、4クラス合計で約200名が履修しています。学生の知識の定着を促すために授業設計においてさまざまな工夫をしています。

その特徴は、学習内容を何度も繰り返し学習できるように設計している点にあります。個別学習用の予習教材として、イラストを豊富に組み込んだeラーニング教材「一歩一歩」を準備しています。学生はこの教材を時間外に学習してから授業に参加します。授業は、予習してきた内容について一斉学習でのミニレクチャー、予習とミニレクチャーに基づいて学生がお互いに教え合う「先生ごっこ」の順で進められます。授業時間外でのオンラインによる個別学習、授業時間内での一斉学習と協同学習を効果的に配列しています。

また、評価も効果的に組み込まれています。予習段階でのチェックテスト、授業翌週のミニ確認テスト、期末テスト、復習テストなど繰り返し評価する機会を設けることで、知識の定着が期待できます。設計段階で学習形態と評価方法をうまく設計することで、一つのトピックを8回以上学生に学習させることになります。

この授業の実践者である渋谷まさと氏は、日本高等教育開発協会の第1回グッド・ティーチング賞を受賞しています。

---

4 アクティブラーニングを組み込む工夫

4.1 学生の意欲を高める

学生を学習へ動機づけることは、授業の中で最も重要なことの一つで

す。意欲が高まると、学生の自ら学ぼうとする姿勢の原動力となり、高い学習成果につながることが期待できます。

アクティブラーニングを取り入れる場合、学生の授業参加への意欲を高めるには、課題や活動に対して、おもしろそうだ、もっと知りたい、不思議だという印象をもってもらう必要があります。そのためには、学生の生活場面における課題や将来の職業的課題と関連している活動を取り入れるとよいでしょう。

学生は教員の指示を注意深く聞いています。そのため、教員の期待する答えを発言しよう、教員の意図に沿った行動をとろう、と考える学生もいます。教員が自分の意図に沿った発言や行動だけを評価してしまうと、学生は次第に受動的になっていきます。アクティブラーニングを取り入れる場合、授業の目標に合致する範囲で、ある程度多様な成果を受け入れられるように、評価課題や学習活動を用意します。

1回発言をするごとに1点加点、司会者を引き受けたら5点加点といったように、外形的な活動を評価することで動機づける事例も見られます。アクティブラーニングに慣れていない初年次生が対象の場合には有効に機能します。

4.2 取り入れやすいものから始める

アクティブラーニングを授業に取り入れる際に、これまで経験したことのない手法を急に導入したり、これまで講義で行ってきた授業をすべて変えたりするという取り組みはあまり推奨されません。比較的に簡単に導入できる手法から取り入れたり、授業の一部だけに取り入れたりすることから始めることを薦めます。

また、中には学習者中心の授業形態に慣れていない学生がいるかもしれません。学生にとっても「やればできそうだ」と思える手法から取り入れていくことで、学生の主体的な学習習慣の形成を促すことができます。

4.3 学内外の資源を活用する

アクティブラーニングを授業設計に組み込む際には活用できる資源があり、これらを有効に活用することで、導入を容易にしたり、学習効果を高めたりすることが期待できます。具体的には、物的、人的、財政的、情報的・技術的資源があります。

1 ｜ 物的資源

　物的資源には、教室や文献などの資源があります。議論やグループ学習を円滑に行うための教室や、ICT（情報通信技術）の環境が整備されているのであれば、そうした教室を利用してみましょう。また、図書館でもアクティブラーニングのための教室を用意している場合があるので、文献や情報検索を活用する授業であれば利用を相談してみましょう。

2 ｜ 人的資源

　人的資源には、大学院生のTAや学外から招聘するゲスト講師などの資源があります。大学院生のTAは、議論の補助、教員の指示や説明の補足、学習方法のアドバイス、発音の指導、教材の作成など、TAの特性や能力に合わせてさまざまに活用できます。また、職業場面での課題や事例を扱う際には、実際に問題に取り組んでいる当事者をゲストとして招くことで、現実味のある学習資源を提供することができます。

3 ｜ 財政的資源

　財政的資源には、ゲスト講師を呼ぶための旅費・謝金、授業で使用する道具や教材を購入するための費用があります。大学によっては、授業のためにこうした予算がつけられているケースもあります。そうした資源の獲得機会を探したり、大学組織に要求したりすることも必要でしょう。

4 ｜ 情報的・技術的資源

　情報的・技術的資源には、教室で使うネットワーク環境、電子図書や電子ジャーナル、コースマネジメントシステムなどのICT環境があります。ICT環境は数年ごとに大きく変わる傾向があり、ウェブサイトを通じた教材配信、ビデオ講義配信、授業時間外の学生同士のコミュニケーション支援など、これまで多大な労力が必要であった作業でも簡単に行えるようになっています。容易に導入できるものから取り入れることで、授業の準備や授業時間外の学習支援を効率的・効果的に行うことができます。

4章

学習課題を組み立てる

1 すぐれた学習課題とは

1.1 学習目標に沿っている

　アクティブラーニングは教育の手段にすぎません。手段を活かすには学習目標に沿った形で取り入れる必要があります。つまり、授業の目標とアクティブラーニングによる活動に整合性があるのかを確認した上で学生の活動を明確にしていくことが必要です。

　学生の活動を考える作業において中心となるのは、学習課題を組み立てることです。アクティブラーニングを成功させられるかは、この学習課題を適切に組み立てられるかどうかにかかっています。学習課題とは、何をどのように学習するのかを教員が学生に示すもののことです。

　たとえばディスカッションを取り入れる場合、ディスカッションのテーマをどのように設定するのか、ディスカッションの方法や時間をどのように計画するのか、計画したディスカッションを通してどのような学習が期待できるのか、ディスカッションを通した学習が授業の目標につながるものであるのかなどを十分に検討しておく必要があります。

1.2 自分で考えないとできない

　自分で考えないとできない学習課題を与えることが重要です。現在ではスマートフォンなどを活用しインターネットでさまざまな情報を入手することができます。課題に取り組む際にインターネットの情報を検索しないよう学生に伝え、自分で考えることを促してもよいでしょう。

　インターネットで検索して容易に解答が入手できるような学習課題を与えること自体にも問題があると言えます。成績に影響するような学習課

題を与えるときには特に注意が必要です。「○○について述べなさい」というような具体的でないレポートの課題は、学生による剽窃を促進することが報告されています(花川 2013)。

1.3　学生の関心と能力に合っている

　授業は学生の能力を高めていくものであるため、学習課題において学生の視点は不可欠です。たとえば、すぐれた学習課題であっても、学生はその学習課題に関心をもたなければ集中して学習に取り組まないでしょう。「この課題はおもしろそうだな」「この課題はやりがいがありそうだな」「他の学生はこの問題をどう考えるのだろうか」などと学生の知的好奇心を刺激するような学習課題を準備しておきましょう。

　また、すぐれた学習課題であっても、学生の能力に合っていない水準であれば学習は進みません。学生がどれだけの予備知識と能力をもっており、どのようなことに関心を抱いているのかについて把握しておくことが求められます。

2　学習課題をつくる

2.1　学習目標を明確にする

　学習課題をつくる際に第一にすべきことは、学習目標を明確にすることです。ただ活動をさせるのではなく、活動を通してどのような能力を身につけさせるのかを検討します。

　たとえば、講義で学習した内容の理解度を高める、ある問題に対する自分の意見を明確にする、事例を検討することによって問題解決力を高めるといったことが挙げられます。また、授業を通してコミュニケーションやプレゼンテーションの能力を高めることを期待されている場合もあるでしょう。

　学習目標を明確にする際に、表2の認知的領域の学習目標の分類は役立つでしょう。ブルームは、認知的領域の学習目標を、知識、理解、応用、分析、統合、評価の6段階に分類しています(Bloom et al. 1956)。最も低次の水準に位置づけられている知識では、与えられた知識を暗記し、必要に応じて想起できるようになることが学習目標となります。低次の学習目標では受動的な学習になりがちですが、高次の学習目標になるにつれ、知識の活用や

表2　認知的領域の学習目標の分類

知識	学習した内容を覚えている
	必要に応じて学習した内容を想起できる
理解	学習した内容の意味を理解している
	学習内容を言い換えたり例を挙げたりすることができる
応用	学習した内容を新たな文脈で使用できる
	学習した内容を活用して問題を解決できる
分析	ある概念や事象を構成要素に分解することができる
	各構成要素の相互関係を説明できる
統合	複数の構成要素を結合して、新しい全体を形づくることができる
	創造性や独創性を必要とする問題を解決できる
評価	一定の評価基準を使用して、価値を合理的に判断できる

出所　デイビス(2002)、p.103-104を参考に作成

判断を伴う学習が求められるようになります。

2.2　学習目標と活動の整合性をとる

　学習目標に適したアクティブラーニングの技法を取り入れる必要があります。表3は認知的領域の学習目標の分類に対して、どのような技法が適しているのかをまとめたものです(Nilson 2010)。

　ただし、議論や書く活動、グループ活動は、教員がどのような問いを出すか、どのような課題を与えるかによって到達できる学習効果が異なります。表3は、各技法が目標到達を保証することを意味するものではありません。逆に、○印がない部分でも、問いや課題によってより高次の目標到達につながる場合もあります。

2.3　学習活動を選択する

　学習のねらいが明確になったら、取り入れる活動を選択します。さまざまなアクティブラーニングの技法の中から、適したものを選びましょう。授業開始時には学生にとって難易度の低い技法を取り入れた方がよいです。その後、学生の学習の状況に応じて、難易度の高い課題や技法を少しずつ取り入れていきましょう。

　技法を選択したら、全体の学習活動の流れを設計します。全体の流れを設

表3　異なる学習成果に対応するアクティブラーニングの技法

	知識	理解	応用	分析	統合	評価
講義	○					
双方向型の講義	○	○				
ディスカッション		○				
書く、話す		○	○	○	○	○
各種評価技法		○	○	○		○
協同学習		○				
ピア評価		○		○		○
実験		○	○			
ケースメソッド			○	○	○	○
探究型学習	○		○	○	○	○
問題基盤型学習	○		○	○	○	○
プロジェクト学習	○	○	○	○	○	○
ロールプレイ、シミュレーション		○	○			○
サービスラーニング			○	○	○	○
フィールドワーク	○		○	○	○	○

出所　Nilson(2010)、p.107を参考に作成

計する際には、図3のように学習課題の提示、学習の活動、活動の成果の確認、振り返りという四つの部分に分けて考えるとわかりやすいでしょう。

　この作業の中では、学習活動に必要な時間を見積もることも大切です。標準的な学生にとってどれくらいの時間が必要となるのかを考えて設計します。たとえば、グループでディスカッションをさせる際の目安は、1人1分間話すことができるように時間を設定することです。3人グループであれば3分間、4人グループであれば4分間です。広く活用されている**バズ学習** p.162 の場合には、6人グループで6分間のディスカッションが一つの標準時間になっています。

　グループでのディスカッションのような協同学習を取り入れる場合は、各メンバーに役割を与えることで、グループの他のメンバーの学習に対して責任をもたせましょう。その際は個人の学習やグループへの貢献に対する評価を組み込んでもよいでしょう。

表4 アクティブラーニングの技法の例

ディスカッションを導く技法	シンク・ペア・シェア、ソクラテス問答法、バズ学習、ディベート、EQトーク、列討論、ライティング・ディスカッション、トランプ式討論、スイッチ・ディスカッション、ブレインストーミング、ラウンドロビン、親和図法、ポストアップ討議法、特派員、ワールドカフェ、フィッシュボウル、パネル・ディスカッション、ナンバリング・ディスカッション、LTD話し合い学習法、発言チップ、発言カード
書かせて思考を促す技法	ミニッツペーパー、大福帳、質問書方式、ダイアログジャーナル、リフレクティブ・ジャーナル、キーワード・レポート、BRD（当日レポート方式）、ラウンドテーブル、ピア・エディティング、コラボレイティブ・ライティング、クリエイティブ・セッション
学生を相互に学ばせる技法	ピア・インストラクション、ペア・リーディング、ラーニングセル、グループテスト、アナリティック・チーム、ストラクチャード・プロブレム・ソルビング、タップス、書評プレゼンテーション、ジグソー法、学生授業、橋本メソッド
問題に取り組ませる技法	クイズ形式授業、復習テスト、再チャレンジ付小テスト、間違い探し、虫食い問題
経験から学ばせる技法	ロールプレイ、サービスラーニング
事例から学ばせる技法	映像活用学習、ケースメソッド、PBL（問題基盤型学習）、TBL（チーム基盤型学習）
授業に研究を取り入れる技法	報道番組作成、ルポルタージュ作成、アンケート調査、フィールドワーク、PBL（プロジェクト基盤型学習）、ポスターセッション
授業時間外の学習を促す技法	授業後レポート、授業前レポート、スクラップ作成、反転授業

1.学習課題の提示
学習課題の内容と意義を明確に伝える
必要な教材を配付する

2.学習の活動
学生に学習活動に取り組ませる
学生の活動の状況を確認し、必要に応じてフィードバックを与える

3.活動の成果の確認
活動の成果を確認する
学生に成果を報告させる

4.振り返り
授業の目標に沿って活動を振り返る
学習の進んだ点と進まなかった点を明らかにする

図3　学習活動の流れの例

2.4 教材や教具を準備する

　直前の講義や教科書の内容をもとに簡単なディスカッションをする場合は、新たに教材や教具を準備する必要はないかもしれません。しかし、ある程度複雑な活動に取り組ませるには、そのために必要な教材や教具を準備する必要があります。

　たとえば、環境税を導入すべきかどうかや死刑制度を廃止すべきかどうかといった議論を深めたい場合、新聞などでそれぞれの論者の意見を読むことで学習を深めることができます。また、授業で学習した分析の枠組みを活用させるためには、その分析を活用できる事例を用意しておかなければなりません。教壇で実施できるような実験があり、学生に予想をさせながら考えさせたいのであれば、その実験の準備をしておく必要があります。また、活動中に使用するふせん、ペン、ワークシートなども準備しておきましょう。

2.5 学習成果を明確にする

　学習のねらいを明確にしておけば、期待される学習成果も明確なものとなるでしょう。期待される学習成果が明確になっていれば、ディスカッションを取り入れたとしても、単に議論が活発であったかどうかではなく、学生に考慮してほしい論点をすべて検討できていたかどうかが気になるでしょう。そして、もし議論の中で重要な論点が抜けていたら、「○○の点ではこの問題はどう考えることができるでしょうか」と教員が議論の軌道修正をすることができます。

　また、取り入れる活動によっては、事前に学習成果の基準を学生に伝えておくことも有効です。その学習成果の基準は、学生にとっては学習の目標になりえます。グループでの学習であれば、個人での学習の成果だけでなく、メンバーの意見をよく聞くことやグループへ貢献することなども期待される成果として挙げておくとよいでしょう。レポートを書かせる場合には、どのようなレポートが期待されているのかを前年度の実際の例を示しながら紹介してもよいでしょう。

3 魅力的な学習課題をつくる工夫

3.1 単調にならないようにする

　毎回同じような形式の学習課題を用意したのでは、「また同じような課題か」と学習者に思われ、十分な刺激を与えることができません。また、多様な学習スタイルをもった学生へ対応するためにも、多様な学習経験を与えることは重要です。

　たとえば、ある事例を通して一般的な原理や理論に導くような帰納的な学習課題だけでなく、ある理論を具体的な状況に適用するような演繹的な学習課題も提供してみましょう。また、唯一の答えがある学習課題だけでなく、多様な答えがある学習課題も提供してみましょう。

　さらに、さまざまなアクティブラーニングの技法を活用することで単調さを軽減することができます。書く、ディスカッションする、協同学習をする、体験させるなど、さまざまな方法を取り入れてみましょう。また、ディスカッションの場合でも、2人組で議論する、4人組で議論する、新しいメンバーと議論する、それぞれのメンバーに役割を与えるといった工夫をすることによって、学習課題に変化を与えることができます。

年表づくりで歴史の流れを理解させる

事例 学生に年表をつくらせることで歴史の大きな流れを理解させる試みを、さまざまな授業において筆者は実践しています。大学論の授業であれば、中世から始まる大学の歴史の中で、その後の大学のあり方に影響を与えた10の出来事を学生に選ばせ、それぞれの出来事の意義を100字程度にまとめさせるという課題を宿題として与えます。そして、授業の中では黒板上に年表をつくり、学生に古い順に調べてきた出来事を書かせます。授業の中では、大学の誕生、研究大学の登場、大学院の設置など大学の歴史の中で重要な出来事が挙げられます。黒板の年表に学生に記入させることで、他の学生がどのような出来事を重要なものと考えたのかもわかります。それぞれの出来事の意義を確認しながら、歴史の流れをクラス全体で確認します。

　この学習課題を授業に取り入れる理由はいくつかあります。まず、どの学生でも調べれば10の出来事を見つけることができるからです。また、学生によって選ぶ出来事が異なるという点も魅力的です。さらに、

さまざまな授業に広く活用できます。たとえば「現在の人権概念をつくりあげた10人」や「スマートフォンの基礎となる10の科学技術」などと応用してもよいでしょう。

　これまで何度か実践していますが、学生もわくわくしながらこの学習課題に取り組んでいるようです。彼らにとっては、テレビや雑誌で時々取り上げられる10大ニュースのようなものかもしれません。

3.2　本質的な問いに関連している

　学習課題を本質的な問いと関連させることで学習者の学習を深めていくことができます。本質的な問いとは、唯一の正解があるものではなく、人生において何度も繰り返させられるものであり、学問分野においても中核的であり、初学者であってもある程度学習した者であっても思考を深められるものです（ウィギンズとマクタイ 2012）。物事の本質に導く本質的な問いに関連した学習課題を学生に与えましょう。

本質的な問いの例

- 「宇宙はどのようにして始まったのか」
- 「生命はどのように誕生したのか」
- 「DNAはどの程度その人に影響を与えるのか」
- 「技術の進展は人間の生活を豊かにしているか」
- 「健康的に生きるとはどのようなことなのか」
- 「政府はどのような方法で市場を統制すべきなのか」
- 「どのような制度にすれば、政府の権力の濫用を防ぐことができるのか」
- 「心とはそもそも何なのか」
- 「普遍的な価値は存在するのか」
- 「言葉はどのように思考に影響を与えているのか」
- 「人は歴史から何を学ぶことができるのか」

3.3　特定の状況を設定する

　学習課題において特定の状況を設定することも有効な方法です。レポートの場合、誰に向けてレポートを書くのかといった読者の設定は、そのレポートの書き方にも影響を与えます。担当教員に向けてレポートを書くという前提ならば、学生は専門分野の用語や概念の定義を明確にする必要が

ないと考えるかもしれません。その前提で学生にレポートを書かせることが望ましくない場合もあるでしょう。そういった場合は、想定する読者を設定してもよいでしょう。

たとえば、「政策担当者に向けて提言するという前提で環境問題のレポートをまとめてください」、「人のものを盗んではいけないということを小学1年生に理解させるにはどのように伝えますか」、「数年後、あなたが教師になり、初めて授業をする直前に読み返すメモとして教授法の工夫をまとめてください」といったように、想定する読み手や聞き手を具体的に設定することができます。

また、特定の状況を設定するアクティブラーニングの技法に**ロールプレイ** p.172 があります。医師役と患者役や教師役と生徒役のように役割を設定して、特定のシナリオに沿って疑似体験させるという技法です。

3.4 学生の生活と結びつける

学習課題を学生の身近な問題と結びつけることで、学習の意義を理解させ、学習の意欲を高めることができます。学生の日常生活から教材を探して学習課題をつくっていくためには、自分が担当する授業の内容は実社会とどのような関係があるのかを把握しておく必要があります。

たとえば、統計学を教える際に、「選挙速報での開票率が1％の段階で当選確実となぜ言えるのでしょうか?」と学習者の身近な場面に当てはめて考えさせることができます。同様に、外国語を教える際に、旅行先のレストランでの注文方法といった学習者が直面するであろう場面を設定することで、実生活における学習内容の活用を促すことができます。

3.5 仮説をもたせる

学習課題を魅力的にするために、自分なりの仮説をもたせ、それを実証的に検証するという方法があります。その一つの方法は、仮説実験授業です。小学校から大学までの自然科学の授業を中心として広く活用されている方法です。仮説実験授業では、ある実験の結果を学習者に予想させ、その予想をもとに議論をさせ、その後実験を行ってどの予想が正しかったのかを明らかにしていくものです(板倉1997)。

たとえば、「重い球と軽い球を同時に落としたとき、どちらが先に地面に到達しますか」といった問いを与え、学生に十分に検討させた後で、実際に実験を通して確かめます。そして、重力による球の落下速度は重さに関係

がないことを理解させます。
　大学の教員は研究者でもあるので、科学的方法を授業に取り入れる際に自身の研究の経験を組み込むこともできるでしょう。

5章

授業時間外の学習を促す

1　授業時間外の学習の重要性を伝える

1.1　学習時間が短いという議論

　日本の学生は学習時間が短いという議論があります。日本の学生の学習時間が諸外国の学生のそれと比較して著しく短いことが指摘され、学習時間の増加が提言されています（中央教育審議会 2012）。

　一方で、近年の学生は出席率が高いことも指摘されています（東京大学大学経営・政策研究センター 2007）。したがって、学習時間の問題は直接的には授業時間外の学習が不足しているということです。実際に、学生の学習時間を測定した調査でも、授業時間外の学習が少ないことが明らかになっています（東京大学大学経営・政策研究センター 2007）。

　高校においても学習時間が減少しています。中間層の学力をもつ高校生の学習時間が15年間でほぼ半減していることが明らかにされています（ベネッセ教育総合研究所 2007）。多くの高校卒業者が授業時間外の学習習慣を身につけていないという実態があることから考えても、大学において授業時間外の学習習慣を身につけさせる必要があるのです。

1.2　前提となる授業時間外の学習

　授業時間外の学習は、学生の学習成果を左右するきわめて大切な要素です。授業における学習目標を学生が達成するためには、相当の授業時間外の学習が必要でしょう。また、授業時間外の学習は、学生の主体的な学習を促進し、自己学習力や学習習慣を身につける貴重な機会となります。

　大学においては、授業時間外の学習を前提として単位制度がつくられています。大学設置基準では、1単位は45時間の学習とされますが、それは

教室内の学習時間と教室外の学習時間を合わせた学習活動全体を含んでいます。講義の授業の場合は、1時間の授業時間内の学習に対して2時間の授業時間外の学習が前提となっています。卒業に必要な総単位数から計算すると、学期中の1日あたりの学習時間が約8時間になるように設定されています。

このように授業時間外の学習は教育制度の中に前提として位置づけられているのです。学習時間が短いという課題は、諸外国との実態比較だけでなく、法令に照らしても指摘される問題なのです。

1.3 授業時間外の学習の活用

アクティブラーニングを取り入れた授業においては、授業時間外の学習の活用方法が重要になります。アクティブラーニングを取り入れた授業は学生の活動に時間を要するため、講義法による授業と比較すると授業中に扱うことのできる学習内容の量が減少してしまいます。

アクティブラーニングを取り入れた授業における授業時間外の学習は大きく二つの方法に分けることができます。第一の方法は、教室で学習した内容に関する学習課題を授業時間外に与えることです。たとえば、教室で学習した内容の練習問題を課題として学生に解かせるような方法です。つまり、授業時間外の学習にアクティブラーニングを取り入れます。

第二の方法は、授業時間外に知識を習得させることで授業時間内のアクティブラーニングをより活性化するものです。この場合は、授業時間外の学習には授業時間内のアクティブラーニングを支えるという役割があります。

1.4 授業時間外の学習の重要性を伝える

大学に進学すると、それまでと学習方法や生活が変わり、どのように授業時間外の学習を進めたらよいのか戸惑う学生は少なくありません。単位制度についてもよく知らない学生も多いでしょう。また、学習目標に到達するまでに必要な時間は個々の学生によって異なります。特に長い時間が必要な学生には、授業時間外の補習が重要になります。

教員としてまずすべきことは、授業時間外の学習の重要性を学生に伝えることです。授業の学習目標を達成するためには授業時間外の学習が重要であり、あなたの授業全体においてはその学習がどのように位置づけられているのかを明確に伝えましょう。

2　効果的に授業時間外の課題を与える

2.1　授業設計を工夫する

　授業を設計する段階で授業時間外の課題を考えておく必要があります。どのような予習の課題を与えたら授業における学習が充実したものになるのか、またどのような復習の課題を与えたら授業で伝えた内容が定着するのかなどを考えながら授業を設計します。

　課題を考える際には、授業のスケジュールも考慮に入れましょう。授業の初期の段階で学生が負担に感じる重い課題を与えると、学生の学習意欲を低下させたり、授業から脱落させたりしてしまいかねません。授業全体を通じて適切な量の課題をできるだけ均一に与えていくこと、また、授業の初めのうちは学生が取り組みやすい課題を与えることを心がけるとよいでしょう。

　設計した授業時間外の課題は、シラバスの中に記しておきましょう。時間外学習の具体的な内容や学習に必要な時間も明示しておくとよいです。学生も事前に把握しておけば、余裕をもって課題に向けた準備ができるでしょう。

2.2　適切な課題を作成する

　教室内の学生の学習が順調に進まない場合には、教員は授業内容を軌道修正できます。しかし、授業時間外の学生の学習は簡単に軌道修正することはできません。そのため、授業時間外の学習の課題は念入りに作成する必要があります。

　何のために取り組むのかわからない課題を与えては、学生を混乱させてしまいます。課題に取り組むことが、授業全体の学習目標を達成することにどのように関係するのかを理解させます。「課題に取り組んでこなければ学習が成り立たない」ということを実感させましょう。課題が成績評価の対象となるのかどうかも明確にしておきましょう。

　また、学生に与える課題の内容を明確に指示します。資料を読んでおくことを課題とする場合、要約を書かせたり、疑問点を挙げさせたりすることで、単に目を通すだけでなく注意深く読ませることができます。文章として提出させる課題であれば、文字数、形式、提出方法なども明確にしておきます。

　課題に必要な情報や資料が学生にとって入手可能であることも確認し

ましょう。たとえ図書館に書籍や映像教材があったとしても、すべての受講生が実際に利用可能なのかどうかを確認しておきましょう。

2.3 課題の与え方を工夫する

いつも同じような形態の課題では、学生は飽きてしまうかもしれません。学生が授業時間外に多様な課題に挑戦できるよう工夫してみましょう。多様な課題を検討する際には、以下の4点が参考になります。

1 | 予習と復習

授業への準備として予習の課題を与えるか、それとも授業で学んだことを定着させる復習の課題を与えるかです。予習を前提とすることで、授業では学生が理解できなかった内容の補足や知識の活用方法の学習に時間を確保することができます。一方、復習は、授業の記憶が残っているうちに行うことで、学生の知識の忘却を防ぐことができます。

2 | 学生側の選択の有無

すべての学生に同じ課題を与えるのか、それとも学生が選択できる課題を与えるかです。たとえば、2種類の課題を用意して学生がどちらを選択してもよいことにするといった方法です。また、ある程度広いテーマを与えて、その範囲の中で学生が自由に具体的な課題を設定して取り組むという方法もあります。

選択できることで、学生が課題に対して主体的に取り組むことが期待できます。一方、学生が選択できる課題では、フィードバックに要する教員の時間が増加する可能性があることも頭に入れておきましょう。

3 | 対象学生の選定

すべての学生が取り組むべき課題なのか、それとも一部の学生もしくは希望する学生のみが取り組む課題なのかです。たとえば、小テストで70点未満の学生にのみ補習の課題を与える方法があります。

一方、授業の学習目標の水準を超えた挑戦的な課題の場合は、希望する学生のみに取り組ませてもよいでしょう。その際、正解であれば最終の成績に加点することを伝えて、挑戦する学生を増やすことができます。全課題の中、始めの4問はすべての学生が取り組む課題、残りの1問は希望する学生が取り組む課題といったように、組み合わせることもできます。

4 │ 個別学習と協同学習

　個々の学生が1人で取り組む課題を与えるか、それとも学生が協力しながら取り組む課題を与えるかです。これは学習目標や課題の内容との関係で教員が判断します。ただし、学生が協同学習を効果的に行うには、グループ分けや役割分担などの入念な準備が必要となります。

2.4　フィードバックを与える

　学生が課題を提出したときには適切なフィードバックを与えることが重要です。教員から何の反応も返ってこないと、学生はせっかく課題に取り組んでも自分の学習の向上につながるものを得ることができないことに気づき、課題を通じて学ぶ意欲を低下させてしまいます。こうなると、学生から提出される課題は手抜きのものとなりかねません。

　フィードバックはできるだけ迅速に与えましょう。何をしたのか、もうすっかり忘れた頃にフィードバックを与えても、大きな効果は期待できません。学習の直後に与えることが効果的です。

　課題は、すぐに採点、コメントして返却するのが理想です。しかし、多人数の授業の場合には難しいものです。何らかの形で学生が提出した課題についてフィードバックを与えることは大切です。多人数の授業でのフィードバックの工夫として以下のような方法があります。

・答案用紙を回収した直後に、模範解答を配付する
・授業開始時にレポートを回収し、授業の中で内容について解説する
・次回の授業で、すぐれたレポートを紹介する
・採点基準を示した用紙を与えて、学生相互に評価させる

3　授業時間外に知識を習得させる

3.1　教室内のアクティブラーニングを支える

　学生が授業時間外に知識を習得すれば、授業内ではその知識を活用したアクティブラーニングを効果的に取り入れることができます。

　ジグソー法p.170 を例にして考えてみましょう。ジグソー法は、学習者ごとに担当を決めて相互に教え合う技法です。たとえば文化人類学の授業では、いくつかの古代文明を学生のグループごとに調べさせて、他のグルー

プのメンバーに教え合い、それぞれの文明の共通性と特殊性を理解していくという学習活動を組み込むことができます（バークレイほか2009）。

　それぞれの担当となった学生が十分に知識を習得していない状況では、相互に教え合ったとしても大きな効果を期待することはできません。したがって、深い理解を目指す場合は、授業時間外に学生に学習させることが重要になります。

3.2　学生に教材を読ませる

　授業時間外に知識を習得させる最も伝統的な方法は、学生に教材を読ませることです。教科書を用いる授業であれば、授業に関わる教科書の該当箇所をあらかじめ読ませておくという方法が一般的です。授業では、学生が理解できなかった箇所を確認して補足したり、教科書に書かれた内容をふまえて練習問題を解かせたりするようにします。

　適切な教科書が見つからない場合は、学生に読ませる論文や資料をまとめた冊子を作成してもよいでしょう。それらは、コースパケットやリーディングスと呼ばれることがあります。受講生が多数の場合は、原稿を数部作成して各自にコピーさせたり、インターネットを通してダウンロードさせたりしてもよいでしょう。

3.3　反転授業を実践する

　ICTの発展に伴い、講義を授業時間外に視聴させることも可能です。一斉形式の講義を授業時間内にせずとも、インターネット上で学生に受講させることができます。学生は好きな時間、好きな場所で学ぶことができ、講義映像は何度も繰り返して再生することができます。また、視聴速度を速くすることで学習時間を短くすることもできます。このように個々の学生が自分に合った方法で講義を視聴することができます。

　講義映像の作成には、必ずしも本格的なスタジオ環境が必要ではありません。ノートパソコンのカメラを使って講義ビデオを収録したり、実際の対面型の講義の様子をビデオに収録したりすればよく、それほど難しい作業ではありません。また、講義教材の配付についても、学内のイントラネットを通じて受講生に視聴させたり、一般向けの動画サイトの限定公開機能を用いて受講生にだけ視聴させたりする方法があります。

　このように授業時間外に講義映像を学生に視聴させ、授業時間内にアクティブラーニングを導入する授業を**反転授業**[p.175]と呼びます。講義を授業

時間内に聴き、練習問題を課題として授業時間外に行うという従来の形態を反転させているため、反転授業という名称がつけられています。

4 授業時間外の学習を支援する

4.1 授業時間外の対応の方針を伝える

　授業時間外に学生が授業の内容についての質問や学習上の悩みなどについて相談を希望する場合、教員はそれを受け入れる必要があります。しかし、いつでもどこでも対応することはできないでしょう。

　その問題を解決する一つの方法は、オフィスアワーの設定です。学生からの質問や相談に応じるために、教員が必ず研究室にいる曜日と時間帯をあらかじめ定めておくものです。オフィスアワーは、日時を設定し、学生の相談時間を限定することで、研究や授業準備などの教員の時間を確保する役割も担っています。

　オフィスアワーに関して大学で定められた方針があれば、それに沿って時間帯を設定します。オフィスアワーについては、シラバスへ記載し、初回の授業で学生に伝えます。試験前などは特に学生の質問が増えるため、特別な相談日や相談時間をつくってもよいでしょう。

　また、オフィスアワーの時間帯以外に学生が相談する時間をもてるかどうか、電話や電子メールによる質問を受けつけるかどうかなども、決めておく方がよいでしょう。重要なのは、学生との間にルールを設けておき、それを双方が理解し尊重するということです。

4.2 オフィスアワーの利用を奨励する

　オフィスアワーを設定しても、学生が研究室に来ないという声を聞きます。学生にとって自ら積極的に教員の研究室に訪れることは勇気が必要な行為であることを理解しましょう。オフィスアワーの利用を奨励する方法には、以下のようなものがあります。

・オフィスアワーの目的と意義を説明する
・オフィスアワーに研究室に訪れることを奨励する
・授業終了後に教室にとどまり学生の質問に対応することで、教員に質問することに慣れさせる

- 授業開始から数週間の間に一度は研究室を訪れさせる
- 提出したレポートの内容が不十分な学生に対して、課題を返却する際にオフィスアワーに来るように伝える
- 課題や小テストの正解を研究室のドアに貼り、研究室に来る習慣を身につけさせる

学生が質問に来るオフィスアワーの取り組み

事例 週に1回のみ形式的にオフィスアワーを設定している大学が多い中、学生の授業時間外の学習を支援するためにオフィスアワーを工夫する大学が見られます。

　大阪府立大学の数学グループは、「質問受付室」を設置しています（高橋2012）。オフィスアワーに学生が来ない理由を、当該時間に他の授業やアルバイトが入っていること、教員の研究室は敷居が高いことにあるのではと考えました。そして、学生が足を運びやすい場所に「質問受付室」を設置し、毎日数学グループの教員の誰かが昼休みと夕方の計4時間にわたって質問受付室にいる状態をつくりました。テーブルやイスも洗練されたものにし、チラシを配って認知度を高めるといった工夫も功を奏して、利用者が大幅に増えたようです。

　この質問受付室は学生の授業外学習を促しただけでなく、教員にも多くの気づきをもたらしました。一つは学生のつまずきのポイントが具体的にわかるということです。多人数授業では個々の学生がどこでつまずいているか、なぜわからないかを把握することは困難です。しかし、質問受付室において対応すれば、学生のつまずきが具体的にわかり、授業の改善に活かすことができるようになったようです。

　このように個々の授業ではなく科目グループでオフィスアワーを設定している例は他大学でも見られます。名古屋大学の数学グループは、「カフェ・ダヴィッド」という名称で、毎日昼休みに3名の教員と数名のTAを交えてのオフィスアワーを開催しています（名古屋大学2010）。

4.3　学内の学習支援施設を活用させる

　学習を進める上で、担当教員以外のさまざまな教職員から支援を受けることができることを学生に伝えましょう。図書館、ラーニングコモンズ、ライティングセンター、情報センターなどの学習支援施設は学生のためのもので

す。入学当初のオリエンテーションで一通りは紹介されたかもしれませんが、日々の学習において十分に活用できていない学生は少なくありません。

　まずは、学内の学習支援施設のサービス内容を自分自身で把握しましょう。学習支援施設のサービス内容を拡大している大学が多いため、授業が始まる前に確認することが重要です。そして、どのようなときにどのような施設を活用すればよいのかを学生に伝えましょう。

6章

学習成果を評価する

1 学生と評価の方針を共有する

1.1 評価の射程を広げる

　アクティブラーニングを取り入れた授業において直面する困難の一つに、学生の成績評価をどのように行うかという問題があります。学生に学習活動への参加を促し、知識の記憶よりも高い段階の目標を掲げる一方で、知識の記憶と再生に焦点化した筆記試験のみで成績評価を行えば、学生は授業中の学習活動よりも試験の準備に時間を割くようになります。反対に、活動の評価のみに重点が置かれ、最終的な知識の獲得の評価を重視しないことも適切ではありません。

　成績評価は、教員が単位の認定を通して学生の学習成果の質を授業担当分野の専門家として保証するものです。学生の学習成果を正しく評価することは、教員の社会的責務と言えます(中井 2010)。評価は学生の学習を強力に推進する手段の一つでもあり、アクティブラーニングを取り入れた授業では、評価の種類と頻度を増やすなど、従来の最終試験のみによる評価を拡張する工夫が求められます。

1.2 評価の観点を明確にする

　レポートや発表などの実践型の課題で評価を行う場合、評価の観点は複数になります。たとえば、論文課題の場合、複数の先行研究の課題を整理して説明しているか、先行研究の課題をふまえて問題が設定されているか、設定された問題は取り組む意義のあるもので独創性があるか、結論の根拠となるデータや資料の扱いは論理的かなどに加え、誤字脱字がないか、文字数が十分か、引用文献を一定数以上使用しているか、などの観点が考え

られます。

　そこで、実践型の課題で評価を行う場合は、教員がどのような観点で評価を行うかを、学生にわかりやすく伝えましょう。その際には、評価の観点をすべて書き出したチェックリストを用意し、学生が課題に取り組む前に示します(p.52参照)。このときに、チェックリストの項目を、学生が自己評価できる形で示すことが重要です。たとえば、「参考文献を適切に引用している」ではなく「参考文献の8割が学術論文である」「10本以上の論文を引用している」「三つ以上の異なる論文誌の論文を引用している」など、具体的で自己評価可能な形にします。

　チェックリストは、複数の評価尺度を示すことで、ルーブリックにすることができます。ルーブリックとはチェックリストを拡張したもので、縦に評価の観点を、横に達成の水準を示した表が一般的です(p.53参照)。

　チェックリストやルーブリックは、レポート、論文、実験、実習、実演、実技、発表、作品など多くの実践課題の評価に活用されています。ルーブリックは、作成に手間がかかるものの、学生数が多い場合は、採点にかかる時間を短縮することができます。また、学生同士でレポートや発表を相互評価する際にも有効です。

1.3　学習成果の模範を示す

　教員が期待する学習成果の例を示すことも、チェックリストやルーブリックを示すことと同様に、教員がもつ多様な評価の観点を学生に伝達するすぐれた方法です。レポートや論文であれば、過去の授業の優秀なレポートや論文を、チェックリストやルーブリックとともに示すことで、教員の意図を具体的に伝達することができます。発表、実習、実技の場合は、写真や映像を用いてすぐれた実践の例を示すとよいでしょう。

　課題に取り組む前に模範を示すことで、学生自身は目標を明確に理解できるようになるとともに、目標の達成に向けた準備学習や準備活動を主体的に進められます。知識の記憶を問う評価でも、事前に模擬試験問題を示すことで準備学習を促進できます。

　模範的な実践を示す準備として、学生の成果の記録を心がけましょう。レポートや論文は記録が容易ですが、実験や実習では、ビデオカメラで学生の成果を記録するなどの工夫を行わなければ模範の保存や蓄積ができません。教員個人での対応が難しい場合は、学内の支援部署へ問い合わせたり、TAや学生に役割を与え、記録の支援を依頼します。

レポート課題のチェックリストの例

内容
- ☐ 与えられたテーマを扱ったものである。
- ☐ 選んだテーマの重要な点を論じている。
- ☐ 既知の事項、通説となっている事項、未解明の事項について、筆者は十分に理解している。
- ☐ 専門用語の用法は正確で誤りがない。
- ☐ 筆者自身の知識や経験を取り入れている。

批判的思考力
- ☐ 事実、解釈、分析、筆者個人の意見の量的なバランスが適切である。
- ☐ 妥当で論理的な分析がされており、関連する問題について十分理解している。
- ☐ 洞察に富み、独自の考えが述べられている。
- ☐ 正確な説明が詳しく書かれており、筆者の主張を補強している。

形式
- ☐ 読者を引き込むようなすぐれた導入と、読者に解決策を得たと思わせるような結論を備えている。
- ☐ 次の内容に移る際に接続が工夫され、前後のつながりが明確である。
- ☐ さまざまな文献が適切に引用され、筆者の主張を補強するために効果的に利用されている。
- ☐ 文章構成が論理的で効果的である。
- ☐ 難易度の高い語彙を正確に用いている。
- ☐ 句読点を正確かつ効果的に用いている。
- ☐ 文献の引用書式が統一されている。

出所　スティーブンスとレビ（2014）、pp.56-58を参考に作成

課題発表のルーブリックの例

	すぐれている	十分である	改善が必要である
内容	内容を十分に理解しており、すべての質問に的確に答え、さらに詳しく説明できる。	内容の要点を理解しており、質問に対して答えることができる。	内容を十分に理解しておらず、質問に的確に答えることができない。
構成	わかりやすい順序で論理的に構成されており、聞き手が明確に内容を理解できる。	論理的に構成されており、聞き手が内容の要点を理解できる。	論理的に構成されていないため、聞き手が誤解する可能性がある。
図表等の活用	発表内容の説明に役立つ図表等を効果的に使用している。	発表内容と関連した図表等を使用している。	図表等を効果的に活用していない。
話し方	明瞭で的確な話し方であり、適切にアイコンタクトをとるなど、聞き手の関心を引きつけている。	明瞭な話し方であり、アイコンタクトを取り入れるなど工夫している。	不明瞭な話し方であり、アイコンタクトも取り入れていない。

2　学習の改善を促す

2.1　形成的評価を実施する

　授業の途中で学生の学習がねらい通りに進んでいるかを判断し、そうでない場合に追加的な指導や課題を設定するための評価を形成的評価と言います。形成的評価は改善のための評価であり、学生がつまずいたり失敗したりしやすい場面で、それらに気づくためのテストや課題を課し、なぜうまくいかなかったかを振り返らせるために行います。

　改善のためには、学生の学習状況を知る手段をもつこと、学習状況を評価する基準をもつこと、学生に具体的な改善指示を出せることの三つが教員に求められます。ただし、これらの評価結果を常に成績評価に反映させる必要はありません。

　実践型の課題の評価を取り入れることの多い授業では、形成的評価の機会を積極的に設け、学生自身による改善への気づきを促します。改善を促すための情報をフィードバックと呼びます。フィードバックは、学生の活動がもたらした結果をデータとして取り込み（フィードし）、次のより適切な行動のために活用する（学生へバックする）ことを意味します（田中編 2010）。

　たとえば、数学の筆記試験の前に模擬試験を行い、間違えやすい点を特

定し、伝えることがフィードバックにあたります。このとき、教員は学生が間違えた原因を分析し、原因ごとに適した指導をすることが重要です。間違えた原因としては、単純な計算ミス、公式の導出ができなかった、公式は理解していたがどれを活用するかわからなかったなどが考えられます。

2.2 学習のプロセスを可視化する

　アクティブラーニングを取り入れた授業では、教員がすべての学生の学習状況を観察し、適時に適切なフィードバックを与えることは難しい場合があります。そのため、学生の学習活動を記録するようにします。学習のプロセスを可視化することで、事後のフィードバックや学生同士のフィードバックを容易にします。

　授業中の学習活動の時間を確保するために、事前にテキストの指定箇所を読むよう指示する場合、要旨や疑問点をまとめるためのワークシートを配付し、授業当日までに作成させておく方法があります。学生は、授業開始時に他の学生と事前課題で得た内容や疑問点を確認することで、自分と他者の学習を比較することができます。あるいは、授業開始時に事前課題に関するクイズや小テストを行い、その結果を学生同士で比較したり教え合ったりする活動も効果的です。

　授業中にディスカッションを取り入れる場合、教員の指示する議論の手順や論点に沿ったワークシートを作成し、議論の進行とともに記録するよう求める方法があります。また、急に議論を始めるのではなく、まず説明したいことや反論したいことをワークシートに記述する時間を設け、書いたことについて議論する方法もあります。

　実験や実習では、活動を始める前の計画立案、活動進行中の経験や発言、活動の終了後に気づいたことや疑問に思ったことなどを記録するためのワークシートを配付すると、事後の振り返りやフィードバックに活用できます。授業時間外の課題としてワークシートへの記録を指示したり、授業時間中にワークシートに記録をとる時間を設けたりするとよいでしょう。また、適切な記録のとり方の例を事前に提示することも有効です。

2.3 口頭でフィードバックを与える

　簡単なフィードバックの与え方には、口頭によるフィードバックがあります。口頭でのフィードバックは、学生に行動変容を促すことが期待できる方法です。口頭でのフィードバックは、多くの場合授業中に行われる、ク

ラス全体よりも個人への即時フィードバックに向いている、双方向で行えるという特徴があります。そのため、チェックリストやルーブリックでは説明しきれない、小さな改善の指導が可能になります。学習目標に至るプロセスを細かいステップに分割し、学生の段階に合わせたフィードバックを与えます。

教員は、フィードバックを与える前に、学習課題の遂行に求められる細かいステップを即座に言語化できるよう、チェックリストやルーブリックをよく読んでおきます。また、フィードバックを指示や注意としてだけではなく、質問で与えることも効果的です。双方向で行える点を活かし、質問による振り返りの促進と提案による具体的な改善方法の明示をセットで行います。

口頭でのフィードバックを与える際には、以下の四つの注意点があります（Cowan & George 1999）。

1｜学習活動に絞る

学生の学習活動に関するフィードバックに絞りましょう。特に、学生個人の好みや生活習慣を対象にする発言をしないようにします。たとえば、「この授業の学生は無駄話が多いけど、肝心な議論の場面になると静かだね」ではなく、「もっと多くの人が自分の意見を言ってくれると、話し合いの視点が広がるのだけど」と言ってみましょう。

2｜学習を改善する方法に絞る

すでに行われた学習を批判するのではなく、今後の学習を改善する方法に絞った発言をしましょう。具体的な提案を伴わないフィードバックは、学習の改善に結びつかない場合があります。「レポートに誤字があったよ。スマートフォンやコンピュータに頼っているから正しい漢字が書けなくなるんだ」ではなく、「レポートに誤字があったけど、提出する前に何度か見直しをするといいね」と伝えるとよいでしょう。

3｜過去の受講生と比較する

具体的な提案を伴うフィードバックを与えやすくするための工夫として、過去の受講生の学習状況や成果の事例と比較する発言をするという方法があります。ただし、学習活動に絞ったフィードバックとして受け止められず、個人の資質や好みを反映したフィードバックだと誤解されること

もありますので、何がどうよいのかを具体的に話します。

「昨年の受講生は積極的だったから、授業も盛り上がって楽しかった」ではなく、「昨年の受講生の中には、自主的に図書館などで集まって打ち合わせをしていたグループもあったので、発表がまとまっていてわかりやすかったよ」と話してみるとよいでしょう。

4｜わかりやすく伝える

フィードバックを与える際は、落ち着いた口調でゆっくり話すようにします。また、ジェスチャーなどの動作を入れたり、紙や近くの黒板を用いたりすることで、聴覚以外の刺激を促すことも効果的です。

2.4　文書でフィードバックを与える

フィードバックは文書によっても与えることができます。文書によるフィードバックは、多くの場合、提出されたワークシート、レポート、資料に対してコメントを書き加えて返却する形で行われます。紙媒体に書くものと、オンライン上に入力するものの二つの方法が最も多く使われています。

文書によるフィードバックは、学生からレポートなどの提出を受けた後でコメントを書き込み、学生へ返すために、即時にフィードバックできないという短所があります。また、双方向でのやりとりが難しく、コメントを書き込む作業に時間がかかる点も課題です。

一方で、文書でのフィードバックは、記録や保存できる点や、学生にフィードバック内容を解釈する時間を与えられる点が強みです。口頭によるフィードバックが、即時性、簡便性に重点を置いたフィードバックであるならば、文書によるフィードバックは記録性、保存性に重点を置いたフィードバックであり、両者を適切に組み合わせるようにします。文書でのフィードバックは、まとまった課題を提出した後や、一通りの実習や実技を終えた後など、授業計画の節目で行うとよいでしょう。

文書でのフィードバックは、電子メールやウェブサイトを使うことで、時間の短縮になります。また、教員と学生間における双方向でのやりとりや、学生間でのフィードバックを可能にします。ただし、オンラインでの双方向のやりとりは、明確な指示と期限を設定しない限り、自発的に行われることはまれです。初めて取り組む際には、電子メールのような日常的なツールによる、一方向のフィードバックから始めてみるとよいでしょう。

2.5 フィードバックの方針を理解する

　学生の学習を促すフィードバックの方針として、以下のようなものがあります (Shute 2008)。

- 課題に関することだけに焦点化する
- 入念に準備した言葉を用いる
- 簡潔で明確な言葉を用いる
- 目標の到達に必要なコメントだけに絞る
- 価値観を押しつけることをしない
- 成績評価に関するコメントをしない
- 個人を批判するコメントをしない
- 文書でのフィードバックを積極的に取り入れる
- 学生が集中しているときはコメントを避ける
- 正しい答えに向かうヒントを控える
- 技術的な問題へのコメントだけにならないようにする

3　集団にフィードバックを与える

3.1　代表的な学生にフィードバックを与える

　学生数が多い授業を担当する場合、フィードバックを効率的に与える方法があります。たとえば、学生から実験レポートや小論文などの課題を受け取り、次回の授業で返却する際に、多くの学生に共通のコメントがある場合は、個別にフィードバックを与えるのではなく、代表的なレポートを紹介してフィードバックします。複数のカテゴリーに分けて示すことで、学生は他の学生に対するフィードバックからも学習の改善点を知ることができます。ただし、このような方法を用いる場合には、レポートの課題を与える際に、あらかじめ全員の前で紹介することの了解を取る必要があります。

　代表的な学生にフィードバックを与える際の注意点は、学生の具体的な成果や作品を例示し、教員が文字によるフィードバックを書き込むとともに、それを口頭で説明する時間を設けることです。大多数の学生に対しては間接的なフィードバックであるため、こうした具体的な教材や資料がないと、教員が伝えたい内容が十分に伝わらない場合があります。

3.2　学生間で相互にフィードバックをする

　評価の範囲を広げる方法として、評価の主体を増やすことも重要です。具体的には、教員による評価に加え、他の学生による評価と自己評価の機会を設けることです。中でも他の学生からのフィードバックは、学生に主体的な学習の改善を促す効果があることがわかっており、多くの授業で取り入れられています。

　学生間のフィードバックを効果的にするには、いくつか注意点があります。第一に、他の学生の成果を評価するルーブリックを用意することです。ルーブリックに基づいて他の学生の評価を行う経験は、評価基準の内面化を促し、学生本人の課題の質向上に貢献します。第二に、学生間でフィードバックを与える手本を見せることです。学生間のフィードバックに先立ち、教員が実際にルーブリックに沿ってコメントを記入したり、マーカーで印をつけたりする作業を見せます。

　フィードバックしやすくするための方法がいくつかあります。たとえば、必ず2カ所のすぐれた点と1カ所の改善点をルーブリックに沿って指摘する、長所と短所を1カ所ずつ指摘し、今後改善すべき点を提案するなどの形式を指定すると、学生間のフィードバックに慣れていない学生であっても、スムーズに取り組めます。また、論文やレポートであれば、チェックリストやルーブリックに合致する部分に緑のマーカーで線を引く、合致しない部分や改善を要する部分には赤のマーカーで線を引くといった指示も効果的です。

3.3　ICTを活用する

　フィードバックは本来個別に行うものですが、多くの学生がいる授業では個別の学生に十分なフィードバックを与えることは困難です。その場合は、グループやクラス全体に対するフィードバック方法を用意しておきます。多人数授業でのフィードバックの効果的な方法の一つは、オンラインツールを活用することです。事前に多肢選択のオンラインクイズを用意しておくと、学生は個別に理解が不十分な部分に対して即時にフィードバックを得ることができます。

　レポートなどの実践型の課題は、一つの課題に多くの評価の観点を含むため、頻繁で継続的なフィードバックが不可欠です。多くの学生がいる授業の場合、授業時間だけでなく授業時間外にフィードバックを与える上で、オンラインツールが有効です。たとえば、レポートやエッセイをオンラ

イン上に提出させ、他の学生がフィードバックを与えるように指示することができます。

4 成績評価の手法と観点を理解する

4.1 評価の方針を確認する

　成績を判定する方法には、相対評価と絶対評価があります。絶対評価は、設定した目標への達成度によって評価を行います。一方、相対評価は、受講生の中での相対的な位置によって評価する方法です。相対評価は、学生同士を競争的な状況に置くことになるため、相互に協力するアクティブラーニングでは馴染まない場合があります (Nilson 2010)。

　また、成績評価の方法が学生の学習活動に与える影響も理解しておくべきでしょう。学生は成績に関連した活動に対してやる気を見せる傾向があります (Lepper et al., 2005)。そのため、基本的には学習目標に沿って成績評価を行いますが、望ましい学習への姿勢についても一定の割合で成績評価に反映する事例もあります。アクティブラーニングを取り入れた授業では、授業での発言の回数、グループワークでの積極性、**ミニッツペーパー** p.166 における記述なども成績に反映することを学生に伝えることで、積極的に学習に取り組む姿勢を促すことができます。

4.2 プロセスを評価する

　学習の改善のために行う形成的評価は本来、成績評価を目的としたものではありません。ただし、授業の主要な目的の一つであり、授業の進行に伴なって学生が成長する領域については、最終的な成果に加えてプロセスも成績評価に含めるようにします。特に、知識よりも技能や態度面を目標に含んでいる場合には、プロセスを考慮することが求められます。

　たとえば、話し合いをまとめる技能や実験器具の操作技能は、知識として理解するだけでなく、効果的に実践できなければなりません。実践的な技能は時間をかけて成長していくため、プロセスを評価できるようにします。また、実践的な技能では授業開始前の経験の差が最終的な成果に反映されることがあるため、学習のプロセスを成績に反映させることは、学生の学習意欲の保持や不平等感の解消につながります。

　プロセスを評価する際には、ポートフォリオ型の記録作成をしておくと

便利です。ポートフォリオとは、学生が自らの学習の記録をまとめたもので、①学習の記録、②実践の記録、③振り返りの記録で構成されます。特に、実践と振り返りにおいてどのような活動を行い、スキルがどの程度身についているかの自己評価が記録されていると、学生がどのようなプロセスで目標へ近づいていったかを教員が授業終了後に評価することができます。

ただし、このような評価方法ではあらかじめ学生に記録を残すことの意義や振り返りの手続きについて理解させておく必要があります。学生自身がそれらを自覚して記録作成しないと、授業を要約しただけのものになりかねません。また、教員も授業が進行する中で学生による記録作成の進捗状況をこまめに確認する場面を設ける必要があります。

4.3 グループ活動を評価する

グループ活動の評価は、アクティブラーニングで教員が最も戸惑うことの一つでしょう。複数の学生が役割を分担したり協力したりして一つのプロジェクトを行う場合、どの学生がどの程度グループの成果に貢献したかを測定することは困難です。そこで、グループ活動を評価する際は、個人の学習活動を評価する仕組みを取り入れておくようにします。

たとえば、グループ活動の前提となる基礎知識や概念がある場合、授業前に文献を読ませておき、グループ活動の前に簡単なテストを行います。これにより、グループ活動の前提が成立しない状況を少なくできるとともに、個人の学習を評価できるようになります。このテストは、教員が採点する以外に、学生同士で採点させることもできます。事前の学習をレポート形式でまとめる場合、他の学生に疑問点や改善点などのコメントを書いてもらい、このコメントを根拠に評価をします。これは、コメントを書き込む学生も真剣に文章を読まなければならないという点が特徴的な方法です（バークレイほか 2009）。

このようにグループ活動であっても、個人の学習を評価する仕組みを用意しておくと、グループの成果に対しては、全員に同じ評価をすることができます。グループ活動の成果を認めながらも、個人の努力も評価に反映させることができます。

個人の努力を評価する別の方法に、ピア評価があります。各学生がグループ活動中の他の学生の活動を観察して評価を行う方法です。ただし、批判的な意見をやりとりできる関係が構築されていない場合は、学生同士

が遠慮して高い評価をする傾向もあります。ピア評価はフィードバックとしては有効ですが、成績評価の際は、限定的に使用するとよいでしょう。また、グループ活動への貢献を促進するために外的報酬を使うと、自発的な貢献をする価値観を損なうおそれもあります（ジェイコブズほか 2005）。

第3部

さまざまな
アクティブラーニングの方法を
活用する

7章

初回の授業で学生を巻き込む

1 初回の授業ですべきこと

1.1 初回の授業で雰囲気を確立する

　教員や授業に対する学生の印象は初回の授業に形成されます（アンブローズほか 2014）。そのため、初回の授業は、学生にアクティブラーニングを促す雰囲気をつくる上で、重要な機会です。授業に参加しやすいように学生に親近感を抱かせることに重点を置くのか、学生が学習活動にきちんと取り組むように規律のある空間をつくることに重点を置くのかは、教員の教育観によります。いずれにしても、どのような雰囲気を形成するかを事前にしっかりイメージして初回の授業にのぞみましょう。

　まずは、学生に対して自己紹介をします。教員の経歴や専門分野だけでなく、教員がその授業のテーマに興味をもった理由、授業と関連した教員の現在の研究関心などを具体的に話します。教員の授業への熱意を伝えることで、アクティブラーニングの鍵となる学生の授業への意欲を高めることができます。

1.2 学習目標を伝える

　アクティブラーニングを活用した授業に求められるシラバスは、日本の大学で一般的に用いられているA4用紙1枚程度のシラバスよりも詳細なものです（Meyers & Jones 1993）。学生の積極的な参加を促すためにわかりやすい学習目標を記す、学生が授業内容を事前に学習したり準備しやすくするために学習活動を明示する、学習活動と成績評価の対応関係を明確に示すなどです。

　シラバスを配付したからとはいえ、シラバスを読んでいない学生や正確

に理解していない学生もいます。シラバスに記されている内容を、学生が理解できるように口頭でも説明する必要があります。

授業概要を説明するとき、多くの教員が最初に説明するのが学習目標です。授業終了後に学生に身につけていることが期待される知識、技能、態度を、具体的な例を示しつつ、学生にわかりやすい表現で伝えます。また、学習目標に掲げられた能力を身につけることが、学生にとってなぜ重要なのかも説明しましょう。

1.3　学習方法を伝える

アクティブラーニングに基づく授業では、授業各回のテーマや内容だけでなく、授業時間外も含めた学習方法についても丁寧に説明する必要があります。初回の授業に説明しておくことで、学生は心の準備ができます。また、学生の中には、アクティブラーニングを苦手とする学生もいます。学習方法についての説明においては、学生がその授業を安心して受講できるように心がけましょう。

1.4　評価方法を伝える

初回の授業で多くの学生が関心をもっているのが評価方法です。学習成果ならびに学習のプロセスをどのように評価するのかという二つの観点から評価方法を伝えます。学生の中には、評価されない学習活動に対して意欲をもたない者も多くいます。そのような学生を生まないように、学習プロセスの評価をしっかりと組み込み、アクティブラーニングを促します。

1.5　学生の準備状況を把握する

初回の授業で簡単なアンケートを実施するなどして、学生の学習に対する準備状況を把握しましょう。学生の準備状況を把握しておけば、どのような知識を前提として授業を進めていけばよいか、どのようなレベルに授業を設定すればよいかがわかります。

また、アクティブラーニングを取り入れた授業では、プレゼンテーションやコミュニケーションなど汎用的能力が求められることが多くあります。学生がこれまでの授業でアクティブラーニングをどの程度経験をしてきたのかを把握することで、適切なレベルの課題を設定することができます。

2　学生が活動しやすい雰囲気をつくる

2.1　教員と学生の距離を縮める

　教員と学生の関係性は、授業の雰囲気に最も大きく影響します。教員が学生の学業面に関心をもっているか、多様性に配慮しているか、授業以外でも親しみやすいか、学生の人格を尊重しているかなどによって授業中の学生の活動は変化します。学習への積極的な雰囲気を促すために、教員と学生の距離を縮める工夫をしましょう。以下は、教員と学生の距離を縮めるための具体的な工夫です（デイビス 2002、Fleming 2003）。

・教室が匿名性のある空間ではないことを知らせる
・教室内の最後列には座らないようにさせる
・教員がアイスブレイクに参加する
・早めに教室に着いて、学生と話をする
・前の学期に学生がした質問について話をする
・すべての質問を注意深く聞き、直接に答える
・学生を名前で呼ぶ
・質問とコメントを促す
・適切なユーモアを用いたり個人的な話をしたりする
・授業外でもコンタクトできることを伝える

2.2　学生の名前と顔を覚える

　学習活動への参加度は、学生が教員に対してどの程度親近感を抱いているかによっても異なります。学生の名前と顔を覚え、名前で呼ぶことで親近感を高めます。学生の名前と顔を覚えるための工夫には、以下のものがあります。

・顔を見ながら出席をとる
・自己紹介カードを書かせる
・名札、ネームプレートを作らせる
・初めの数週間は座席表にしたがって座らせる
・各種の自己紹介ゲームを利用する

　多人数授業では全員の名前を覚えることは難しいでしょう。できる範

囲で学生の名前と顔を一致させ、学生の名前を覚えるために努力しているという姿は見せましょう。

2.3 質問・発言を歓迎する

質問や発言は学生の授業への参加を高めるきっかけになります。また、質問や発言は授業改善のための貴重なフィードバックです。まずは、質問や発言をすることの意義を伝えましょう。学生が質問や発言をするということは、授業に参加し、クラス全体に貢献することだという意識を学生にもたせます。

初回の授業では、授業の進め方などについて学生が質問する時間を設けましょう。そして、勇気をもって質問をした学生に対しては、その行為自体を高く評価することで、授業の中での質問や発言を歓迎するという態度を見せましょう。

2.4 授業内のルールを確立する

アクティブラーニングを取り入れた授業では、欠席や私語、飲食などに関する受講ルール以外にも、「人の意見には注意深く耳を傾ける」「人を批判するのではなく考えを批判する」「人の話を遮らない」「他の人の意見を批判する場合でもお互いを尊重する」など学習活動に対するルールも明確化しておくとよいでしょう。ルールを決めるのは、教員でも学生でもかまいません（アンブローズほか 2014）。大切なのは、最終的に学生がルールの重要性を納得していることです。

学習活動に対するルールを決めたら、ルールを明示した紙を学生に配付し、保管させます。最初の2〜3回は、ルールの確認と定着を図るために、ルールをスクリーンに投影しながら口頭で確認します。ルールが定着してくれば、わざわざ確認する必要はありません。ただ、ルールが徐々に守られなくなった場合には、配付したルールを全員で確認する必要があります。

ルールは、迷惑行為を抑止するだけではありません。たとえば、「誰かが発表した後には拍手をする」などの条項を盛り込んでおけば、学生が発表しやすい雰囲気をつくり出すことができます。

3 アイスブレイクを活用する

3.1 学生の不安を和らげる

アイスブレイクとは、受講者の緊張をほぐすことを目的とした活動です。参加者の不安や緊張を氷にたとえ、硬い氷を砕くという意味をもっています。

初回の授業に不安を感じているのは、教員だけではありません。学生もどのような教員が来るのか、他の受講生はどのような人なのかなど、大きな不安を感じています。学生の不安を和らげ、学生が参加しやすい雰囲気をつくるために、アイスブレイクは効果的な手法です。

アイスブレイクは基本的に初回の授業に行われることが多いですが、学習活動がマンネリ化してきたときや複雑なアクティブラーニングの技法を使うときなど、授業の中間段階でも行うことができます。中間段階で行う場合は、授業内容に関連したアイスブレイクを行う方がよいでしょう（Nilson 2010）。

3.2 アイスブレイクにはさまざまな働きがある

アイスブレイクにはさまざまな機能があります。下記はその例です（Magnan 2005）。どのような効果を期待してアイスブレイクを行うのかは、教員の考え方によって異なります。アイスブレイクを実施する目的を明確にし、それに合った方法を選択します。

- 学生にとって快適な学習の雰囲気をつくる
- 学生に教員を知ってもらう
- 学生の全体的な特徴を理解する
- 学生同士が知り合いになる
- ペアや小グループでの共同作業を通して、主体的で参加しやすい環境をつくる
- 授業に対する学習意欲を喚起する
- 学生がお互いに関心をもち、情報と資源を共有し、個人のニーズと目標を明らかにする

3.3 実施上の工夫

アイスブレイクには、ゲーム性の高いものもありますが、教室内でゲー

ムをすることに抵抗を感じる学生も多くいます。もしゲーム性の高いアイスブレイクを使用するならば、短いものにするか、うまく機能しない場合に途中でやめる選択肢も準備しておきましょう。また、何のために行ったのかわからないということが起きないように、アイスブレイクを行う場合は、目的をきちんと学生に提示することが重要です。

さまざまな理由でどうしても参加したがらない学生がいる場合もあります。参加しない権利を保障し、強制的な参加にならないようにします（京都産業大学キャリア教育研究開発センター 2012）。アイスブレイクを実施する上での留意点は次の通りです。

1｜活動の意図を伝える

アイスブレイクの意図を伝えます。何のために行ったのかわからない活動にならないように、まずアイスブレイクのねらいを学生に理解させます。

2｜短くアイスブレイクをする

アイスブレイクの目的は、学生が快適な環境で学習できるようにきっかけをつくることです。あくまでも、学生同士を仲良くさせることではなく、活動を円滑に進めるために最低限必要な人間関係をつくることが目的です。

3｜理解しやすいアイスブレイクをする

三つ以内の指示でできないようならば、あまりに時間がかかってしまい、アイスブレイクとしては適切ではありません。誰しも、初対面の人の前で自分が指示についていけない状況にいたら、恥ずかしいと感じてしまいます。このような状況が生まれることがないようにします。

4｜学生の自己開示を促す

「出身地はどこですか？」「好きな音楽は？」といった学生の答えやすい質問を用いて学生の自己開示を促すことは、相互にコミュニケーションをする上での基盤になります。ただし、「親の職業は？」「体重は何キロですか？」といった学生が不快に感じる可能性のある内容について質問することは適切ではありません。

3.4 さまざまなアイスブレイクを活用する

　アイスブレイクは、下記の三つの種類に分けられます（Nilson 2010）。学生が緊張して毎回授業にのぞんでいるようならば、楽しさを強調した活動を行うとよいでしょう。反対に、学生が怠けているようなことが多ければ、授業内容と関連させたアイスブレイクを行いましょう（Magnan 2005）。

　最初にゲーム要素の高い人間関係の向上を目的としたアイスブレイクをした後に、授業内容や授業方針に関するアイスブレイクを行うといったように複数の技法を組み合わせる方法もあります。

1｜人間関係の向上を目的としたアイスブレイク

　情報の交換を通して、お互いの理解を深めるためのアイスブレイクです。学生が楽しいと感じることが多い反面、個人情報を共有することに対して不快感をもつ学生もいます。**バースデイチェーン** p.176、**三つ選んで自己紹介** p.176、**他者紹介** p.176 が代表的な技法です。

2｜授業内容に関連したアイスブレイク

　授業に関連する内容を活用して共同体の感覚を形成するためのアイスブレイクです。授業内容に関する学生の既有知識を確認できたり、活性化したりすることができます。授業の内容を修正していく上で、役に立つ情報を収集できる機会となります。**アタック25** p.177、**Youはなぜここに？** p.178、**○×クイズ** p.177、**テレビCM** p.178 が代表的な技法です。

3｜授業の方針に関するアイスブレイク

　授業の方針や決まりごとは、学習共同体への意識を促進する上で重要な要素です。授業の内容を確認したり共有したりするためのアイスブレイクがあります。**シラバスレビュー** p.178、**クラスルール** p.179、**グループ・グラウンド・ルール** p.179 が代表的な技法です。

授業内容を組み込めるアイスブレイク

事例 筆者は、教職を志望する2年生を対象とした教職科目「教育原論」（履修者40名）を担当しています。教育に関わる諸問題を多角的な視点から思考できるようになってもらいたいと考え、ディスカッションやグループ発表などのグループワークを組み込んだ授業を行って

います。教職科目は、複数の学部の学生が履修しているため、初回の授業でお互いに初めて顔を合わせる学生も多くいます。積極的に参加しやすい雰囲気を初回の授業でつくるため、アイスブレイクとしてアタック25を行っています。

まず、25個の質問、回答欄、署名欄があるシートを配付します。配付してすぐに活動を開始するのではなく、次の四つの注意点を目と耳でわかる形で確認します。

- 25個の質問を、それぞれ違う人にする
- 相手に名前と回答を聞いて自分で書く
- 上から順に一つずつ進める
- 25人に質問してフォーマットが埋まった人がいれば、教壇に置かれたベルを鳴らして終了

この注意点を明示しておかないと、同じ人に何問も質問する、質問しやすいところの回答から埋めていく、相手に名前と回答を書いてもらうという状況が起こりやすくなります。

シートに記載している質問項目は三つに分けられます。一つ目は、学生個人に関わる項目で、「所属学部」「大学生活を漢字1文字で表すと」「昨日の晩御飯」などです。二つ目は、授業内容に関わる項目で、「教員を志望する理由」「どんな先生になりたいか」「教員に最も必要な能力とは」「教員が出てくる好きな映画・漫画」などです。三つ目は、授業への要望や進め方に関するもので、「この授業に期待していること」「好きな学習スタイル（講義、グループワーク、1人で読書）」などです。

最初に誰かが25問を埋めたら、質問するのを終了させ、全員着席させます。その後、25問埋めた学生に前に来てもらい、どのような回答があったかを報告してもらいます。

授業終了時にすべてのシートを回収することで、受講生の特徴や授業への要望を把握し、授業内容に関して学生がどの程度知識をもっているのかを確認することができます。

4　教室環境に配慮する

4.1　教室環境に適した技法を選択する

教員は、授業を行う教室を自由に決められるわけではありません。受講

者数、科目の位置づけ、科目の特性などにより、教員が選択できる教室環境は限られています。教室環境の選択に制約がある中、教員が効果的にアクティブラーニングを組み込むためには、それぞれの教室環境に適したアクティブラーニングの技法を選択する必要があります。

300名以上が受講する大講堂であっても、アクティブラーニングを組み込んだ授業を行うことは十分可能です。前後や左右の学生をペアにした短時間の活動であれば、どんなに多人数でも組み込むことができるでしょう。

4.2 座席配置を工夫する

可動式の机とイスを配置している教室は増えてきており、そこでは、学習活動に合わせて机とイスを動かすことができます。机とイスの配置は、学生が学習活動を円滑に行うためだけでなく、他の学生からのフィードバックを受ける上でも重要です。

表5は、アクティブラーニングを活用した授業での代表的な机とイスの配置です。自分の学習活動に適した机とイスの配置を決め、学生に机とイスを動かすように指示しましょう。

表5 代表的な机とイスの配置

配置	説明
コの字型	カタカナのコの字の形で机とイスを配置します。前に立つ教員は、それぞれの学生と直接的にコミュニケーションがとれ、室内を自由に動くことができます。内側にイスを移動させれば、グループでの活動も円滑に行うことができます。そのため、教室内でできるアクティブラーニングのさまざまな技法を用いることができます。
アイランド型	4～6人の学生が、机を囲む形でグループごとに向かい合って座る配置です。グループ内のコミュニケーションを活性化できるため、グループでの活動に向いています。教員が説明をするときは、イスを前に向けるように指示をする必要があります。
カンファレンス型	学生が机を囲んで座る配置です。意思決定や問題解決を図るための、クラス全体でのディスカッションに適しています。隣の人と組ませれば、ペアワークを行うこともできます。
サークル型	イスのみを円形に並べて配置します。参加者の一体感を醸成することができます。ペアまたは小さなグループでの作業に適した形です。机がないため、ライティング課題を行うような活動には不向きです。
多角形型	6角形や8角形に机を並べ、その周りに学生が座る配置です。全体でのディスカッションに適しています。カンファレンス型の配置よりも、参加者それぞれがコミュニケーションを円滑に行うことができます。
スクール型	学生全員が教室の前方を向いて座る配置です。教員の発問や個人でのライティング課題、同じ机の2～3人でのグループワークが中心となります。多人数でのグループワークの場合、学生は窮屈な体勢で行わなければならないため、短時間でできるものにした方がよいでしょう。

出所　Silberman（1996）, pp.10-15、中野ほか（2009）、pp.119-121を参考に作成

8章

発問で思考を刺激する

1 問われると人は考える

1.1 伝統的な教育技法

『ハーバード白熱教室』として日本でも有名になったマイケル・サンデル教授は、発問の技法にすぐれています(堀 2011)。1,000人を超える学生が集まる大講堂の中で、「自分の兄弟が万引きしているのを見つけたら、あなたは警察に通報するだろうか?」「君は養子をもらうとき、その子に値段をつけられるかな?」などの発問をきっかけにして、主要な研究者の思想と関連づけて議論を深めています。

学習者に問いを与えながら考えを深めさせるのは、「発問」と呼ばれる伝統的な教育技法です。古代ギリシャの哲学者ソクラテスは、弟子との問答を通して思考を深めていきました。教育学においても、学習者に対する効果的な発問について長年研究がなされています(育成会編 1899)。

1.2 発問と呼ばれる理由

教員が学習者に対して教育的な意図をもって問う行為を発問と言います。質問の一種ととらえることもできますが、発問と呼ばれるのには理由があります。

たとえば、「星の重さはどのように測定するのでしょうか?」という問いかけについて考えてみましょう。この問いかけが学生から物理学の教員に対するものであれば、答えを知らない人が知っている人にたずねる「質問」です。一方、この問いかけが物理学の教員から学生に対するものであれば、答えを知っている人が教育上の目的のためにたずねる「発問」になります。つまり、答えを知るためではなく学習を促進するためにたずねることか

ら、質問とは区別して発問と呼ばれるのです。

1.3 説明・発問・指示

教員が指導するときの言葉は、説明、発問、指示の3種類に大別されます。説明、発問、指示の三つのバランスを変えるだけで、授業の印象は大きく変わります。

これまでの日本の大学の授業は、主に説明を中心としたものだったと言えます。しかし、授業の中にアクティブラーニングを取り入れるには、発問と指示を効果的に活用できるかが鍵になってきます。ちなみに、小学校における1時間あたりの発問の数は、20〜50問であるという報告もあります（松浦ほか編1986）。

2　発問のさまざまな機能を活用する

2.1　学習意欲を喚起する

発問にはさまざまな機能があります。一つの機能は、学習意欲を喚起するということです。授業の中で教員による説明が続くと、学習への集中力を低下させるかもしれません。発問を取り入れると、学生の注意を引きつけ学習意欲を喚起することができます。人は自分で答えを考えたいのです。

たとえば、単に知識を伝えるのではなく、事前に「地球の重さはどのくらいでしょうか」「地球の重さは月の重さの何倍でしょうか」「そもそも地球の重さはどのように計算したらよいでしょうか」などの発問を与えることで、学習者に答えは何だろうかと考えさせることができます。

2.2　重要な問題に対峙させる

発問には、授業の中の重要な問題に対峙させるという機能があります。授業の中で最も学生に考えてほしい内容を問いの形にして、学生に考えさせることができます。そのような発問を教育学では主発問と言います。

主発問は授業の中で何度も活用されるものです。授業の導入の部分で提示することで、学生に何が重要な問題なのかを理解させることができます。また授業の展開部分では、主発問を軸にして授業内容を理解させていきます。そして、授業のまとめの部分で、主発問を用いて再度確認すること

により、学生の学習の成果を把握することができます。

2.3 思考を焦点化させる

発問には、学習者の思考を焦点化させる機能があります。授業の目標に合わせて思考の観点を絞っていくのに、発問を利用することができます。

たとえば、ある病院の映像を学生に見せる際に、「映像の中の医師の患者に対するコミュニケーションは、すでに学習したコミュニケーション理論に照らし合わせてどのような問題点があると考えますか?」といった発問を与えることで、教員が学生に気づいてほしい内容に着目させることができます。

また、議論の軌道修正の際にも焦点化させる発問は有効です。考えてほしい内容から話題がそれてしまったときに、「みなさんはリサイクルの利点について十分に議論していましたが、リサイクルの課題についてはどのようなものが考えられますか?」といった発問を与えることで、学生の思考の対象を誘導していくことができます。

2.4 思考を拡張させる

授業の場面によっては、思考を焦点化させるだけでなく、学生の思考を拡張させたい場合もあるでしょう。発問には、学生の思考を拡張させる機能もあります。

思考を拡張させる発問は、学生に意見を自由に述べさせるものです。答えを限定しない問いかけで、学生が意見を述べやすくする役割をもちます。たとえば、授業の導入で「哲学という言葉から連想するものは何ですか?」とたずねてみたり、画像を見せながら「この画像を見てどのようなことに気づきましたか?」とたずねてみたり、ある事例を途中まで紹介して「この先どのようになったと思いますか?」とたずねてみたりするような発問です。

学生の思考を拡張させることは重要ですが、拡張させるだけでは授業の目標から学生の思考がそれてしまう場合もあります。焦点化の発問と拡張の発問をうまく組み合わせることで、授業の目標に沿って学生の思考を深めていくことができます。

2.5 学生に問いをつくらせる

良質な問いを学生に与えることは、学生が自分自身で問いをつくる能力

を向上させることにもつながります。発問には、学生に問いをつくらせる機能があります。自分で問いを設定して、学問分野の方法に基づいてその答えを明らかにしていくという研究活動は、大学ならではの学習と言えます。教員の発問は、学生自身の学問上の探究心を高めることにもつながります。

2.6 学生の学習状況を把握する

　発問には、学生の学習状況を把握する機能もあります。学生が授業の内容をどの程度理解しているのかを把握することは、教員が授業を進める上で重要なことです。発問に対する学生の反応によって、学生がどこまで理解できているか、あるいはどのように考えているかを知ることができます。もちろん学習状況を正確に把握するには小テストなどを実施する方が適しているので、発問は最も簡易な方法として利用するのが適切と言えます。

　授業の導入の場面では、その授業を受けるにあたって前提となる知識が身についているかどうかを発問によって確かめることができます。また、授業の展開の場面では、特に学生にとってつまずきやすいと思われるところで発問することが効果的です。そうすることで、学生の理解に応じて授業内容を修正していくことができます。授業のまとめの場面では、その授業で学習してほしい内容が身についているのかを発問で確認することができます。

3　効果的な発問の方法

3.1 発問を明確に与える

　複雑な発問やあいまいな発問は学習者に混乱を与えてしまいます。発問は明確にすることが重要です。学生が何を問われているのか理解できるような内容にしましょう。

　発問を準備する際に気をつけておくことの一つは、一度に一つの発問を与えることです。教員はさまざまなことを学生に考えてほしくなりますが、一度に複数の発問を与えると学生の思考は混乱する可能性があります。複数の発問に対して考えさせたい場合には、複数回に分けて学生に考えさせるようにします。

また簡潔な表現にすることも重要です。学生が何度も確認しないとわからないような長く複雑な発問はよいとは言えません。答えが複雑になったり多様になったりするのはよいことですが、発問自体は明確にすべきです。
　教員が明確であると思っていても、学生にとって発問が不明確になる場合があります。学生側に専門用語などの前提知識が足りない場合も想定して、わかりやすい言葉で発問を明確に与えましょう。また、聞き手が何通りにも解釈できる言葉が使用される場合もあります。たとえば、「どうして」という言葉には、「なぜ」と「どのような方法で」という二つの解釈があるので、このような誤解を与える言葉は使用しないようにしましょう（野口 2011）。

3.2　多様な種類の発問を活用する

　発問にはさまざまな種類があります。単純な基礎知識を答えさせるものだけでなく、事象を比較させたり、原因を考えさせたりするなど、思考を深めていく発問を使いましょう。下記は、日本の人口減少に関するさまざまな種類の発問を整理したものです。

さまざまな種類の発問

基礎知識	「出生率はどのような計算式で求めることができますか」
比較	「都市と地方では人口減少にどのような違いがありますか」
動機や原因	「なぜ人口減少が起きているのでしょうか」
行動	「人口減少に対して国は何をすべきでしょうか」
因果関係	「都市への若者流入は、人口の増減にどのような影響を与えていますか」
発展	「この授業で私が説明したこと以外に少子化の原因はありませんか」
仮説	「子育て支援が進めば、人口の減少が抑制されますか」
優先順位	「少子化対策の中で最も有効な方法は何でしょうか」
総括	「A市の少子化対策の事例からどのような教訓が得られますか」

出所　デイビス（2002）、p.102を参考に作成

　また、クローズドクエスチョンとオープンクエスチョンを授業の場面によって使い分けましょう。クローズドクエスチョンとは、「愛媛県の人口

は減少していますか?」のように、学生が「はい」もしくは「いいえ」で答えられる発問です。このような発問では、「はいと考える人は挙手してください」と伝えることで、クラス全体の意見を把握することができます。

一方、オープンクエスチョンは、「なぜ愛媛県の人口が減少しているのでしょうか?」のように、学生が自分なりの意見を自由に述べられる発問です。学生に深く考えさせるには、オープンクエスチョンを効果的に活用しましょう。

3.3 考えるための時間を与える

「マンモスはなぜ絶滅したのでしょうか?」と発問した後、間を置かずに「現在最も有力な説は……」と教員が説明したら、学生自身に考えさせる機会を失ってしまいます。経験の少ない教員にとって沈黙の時間は落ち着かないものかもしれません。しかし、沈黙が学習を促進する場合があることを理解しておく必要があります。「これから2分間1人で考えてください」と伝えるなど、学生が考える時間をしっかりととっておきましょう。

ある程度時間をとれば、自発的に発言する学生も出てくるかもしれません。自発的に発言する学生に対しては、その行為自体をほめることで授業の中で発言しやすい雰囲気をつくることができます。また、意見や質問に対してすぐに答えて終わりにせずに、「他の意見はありませんか?」と他の学生を巻き込んでいくのもよいでしょう。

3.4 適切な指示を与える

発問の後に、考えるための時間をとるだけでなく、具体的な指示を与えることも有効です。たとえば、「ある星と地球の間の距離はどのように測定するのでしょうか?」という発問の後に、「あなたの考える方法をノートに書きましょう」や「考えられる方法を隣の学生と議論しましょう」などの指示を与えることができます。また、「人口の減少は経済的な格差を広げると思いますか?」という発問の場合、考える時間をとった後に「格差を広げると考える人は手を挙げてください」という指示を与え、「そのように考えた根拠を話してください」とつなげることができます。

書かせたり議論させたり挙手させたりすることで、学生の深い思考を促すことができます。このように、発問を指示と組み合わせて使用することで、学生の学習を深めていくことができます。

3.5 学生の意見を報告させる

　発問を与えた後に、学生が授業の内容をどの程度理解しているのかを確認しましょう。学生の表情からある程度は学習状況を把握することはできますが、時間が確保できるのなら学生の意見を報告させましょう。

　授業の中では自発的に発言する学生もいるかもしれません。しかし、そのような一部の学生にのみ頼っていては受講者全体の学習の状況は把握できませんし、それ以外の学生は自分が発言する必要がないと考えてしまうかもしれません。

　教員が学生を指名し、意見を報告させることは重要です。無作為に指名することもあれば、表情、ノートの記述、これまでの学習の理解度などから、意図的に指名してもよいでしょう。経験ある教員は、無作為の指名と意図的な指名を発問の内容によって分けているようです (Nilson 2010)。教員による指名は、学生に自分もいつ指名されるかわからないという緊張感を与え、学習活動に責任感をもたせることができます。

4　発問で学生の思考を鍛える

4.1　悪魔のように問いかけをする

　ディスカッションの中では、教員があえて厳しい問いかけやコメントを与えることも有効です。相手の主張をより確かにするために反論する立場の人を、悪魔の代弁者を意味するデビルズ・アドボケイトと呼びます。

　たとえば、学生のある主張に対して、「本当にそう言い切れるでしょうか?」、「このような場合には、あなたの意見は当てはまらないのではないでしょうか?」などの問いかけをすることによって、学習者自身の主張を再度確認し、深く考えさせることができます。

　ただし、教員による反論に慣れていない学生もいるので、言い方には注意が必要です。「君の意見はおもしろいです。でも、まだ論理の組み立てに弱い部分があるので、あえて反論の立場で質問します」と前置きをしておいた方がよい場合もあります。

4.2　ソクラテス式問答法を活用する

　発問を効果的に活用する古典的な教育手法の一つとして、**ソクラテス式問答法**[p.162]があります。古代ギリシャの哲学者であるソクラテスが好んで

使用した技法をもとに名づけられたものです。

ソクラテス式問答法は、問いと答えを基本形にして展開される教授法です。まず、教員が学生に対して問いかけをし、学生に考えさせます。そして学生の回答に合わせて、教員は新たな問いかけを続けます。その際に、教員は学生の思考が深まるよう多面的な問いかけをしていきます。そのような一連の問いと答えによって学生の学習を深めていきます。

ソクラテス式問答法の例

教員 「少年犯罪は増えていると思いますか?」
学生 「はい。少年犯罪が増加していると思います」
教員 「なぜ、少年犯罪が増加しているとあなたは考えるのでしょうか?」
学生 「テレビや新聞で少年犯罪についてのニュースをよく見かけるからです」
教員 「確かに少年犯罪のニュースはよく見ますね。でも、ニュースがあるからといって少年犯罪が増加していると言えるのでしょうか?」
学生 「うーん。少年犯罪が増加しているかどうかはわからなくなってきました。少年犯罪のニュース自体が増えているのかどうかも自信がなくなってきました」
教員 「正直な意見でいいですよ。ニュースになる少年犯罪は全体の一部に過ぎません。では、少年犯罪が増加しているかどうかを確認するためにはどうしたらよいでしょうか?」
学生 「警察庁の統計を調べればわかるのではないかと思います」

ソクラテス問答法は、学生を深く考えさせるものの課題もあります。学生の回答に合わせて臨機応変に対応しつつ授業の目標につながるように進めなければならないため教員にとって難易度の高い技法と言えます。また、学生が議論の中でノートをとりにくいという点で不満をもつ場合もあります。

9章

ディスカッションを導く

1　ディスカッションの意義を理解する

1.1　ディスカッションは教員次第

　授業の中で学生に議論をさせようと試みて、誰も発言しないというような状況に陥った経験のある人も多いでしょう。確かに、多くの日本人の学生は授業の中で意見を述べるのが苦手なのかもしれません。

　しかし、多くの場合、ディスカッションがうまくいかない原因は教員の準備不足にあります。問いの立て方や議論の進め方などでさまざまな工夫をすれば、ディスカッションをより有意義なものにできます。日本人の文化特性や学生のコミュニケーション力のせいにしてディスカッションをあきらめる前に、試行錯誤してみましょう。

1.2　ディスカッションの有効性

　ディスカッションには大きく分けて三つの効果があります。主体性を引き出す効果、理解を深める効果、思考力を高める効果です。授業において、これらの能力を高めることを期待している場合には、授業でディスカッションを活用してみるとよいでしょう。

1｜学生の主体性を引き出す

　ディスカッションは教員と複数の学生がやりとりをする中で学びを深める技法です。学生は、教員が最初に提示する問いをきっかけに考え、自らの意見を述べ、他人の意見に耳を傾け、さらに自身の考えを再構成します。授業への参加度が高まり、学生の主体性が引き出されます。

2 | テーマに対する理解を深める

　学問的なテーマには、さまざまな見方や考え方があります。さまざまな側面から特定のテーマについて検討することで、その分野についてより深い理解を得ることができます。また、自ら説明することによって自身の知識の不足に気づくことや、他の学生の発言から新たな論点に気づくこともできます。

　たとえば、授業を通じて学んだ一般原理を、自身の個別事例に当てはめて議論をする、あるいは、個別事例から一般論を引き出す議論をすることも有効です。複雑なテーマについて学生が正しく理解しているかどうかを確認する手段にもなります。

3 | 思考力を高める

　議論は考えることなしには成り立ちません。ものごとを複数の側面から考え直す多面的な思考や、本当にそうなのかを探究する批判的思考、筋道を立ててものごとを考える論理的思考など、さまざまな思考能力を鍛える上で役に立ちます。

　対立する複数の仮説について、それを支持するための理由や根拠を検討し、与えられた課題から問題点や新しい問いを学生自身に考えさせ、それについて議論を深めるといった方法があります。

2　ディスカッションを準備する

2.1　ディスカッションの目的を明確にする

　ディスカッションにはさまざまな効果がありますが、教員は取り組む際に何を目的にディスカッションをするのかを明確にする必要があります。

　多面的な物の見方を身につけさせたい場合には、ある事例について学生にさまざまな立場を与え、それぞれの立場から発言をさせることが有効です。たとえば、原子力発電所の全廃について、近隣住民、発電所員、発電所経営者、一般国民などの役割を学生に与え、賛成か反対かを、それぞれの立場から理由と合わせて述べてもらい、議論を深めていく方法があります。

2.2　中心となる問いを準備する

　ディスカッションの問いづくりで第一に気をつけなければならないこ

とは、漠然としすぎないことです。たとえば、「～についてどう思いますか?」はあまりよい問いとは言えません。多くの学生は何を答えてよいかわからず、学生の意見も教員の期待するものと異なる可能性が高くなってしまいます。「～について～という見解がありますが、その見解は正しいですか?」「～という状況で、まず何をするべきでしょうか?」といったような、何を問われているかが明確な問いがよいと言えます。

また、意見が一つに限られるような問いや、回答が極端に偏る問いも、議論が活発になりません。さまざまな意見が出る可能性があり、学生の関心を引く、あるいは学生でもイメージをもちやすいような問いを用意しましょう。

問いは一つだけではなく、複数を構造化して用意します。「～という政策について賛成か、反対か?」「その理由や根拠は何ですか?」「(複数の論点を整理した上で)この政策をよりよいものにするためにはどうしたらよいでしょうか?」といったように連鎖する問いを用意します。

2.3 指示を準備する

適切な指示を準備しておくことも重要です。ディスカッションでは挙手、書き出し、共有、指名の四つの指示を用います。

挙手には発言したい人に手を挙げてもらう方法と、選択肢の中から当てはまるものに手を挙げてもらう方法があります。前者は、議論慣れしていない学生が多い場合には不向きです。まず後者を用いて、学生を授業に巻き込むことから始めるとよいでしょう。また、少し考える時間を与えてから挙手させると、より積極的に意見が出てきます。

書き出しとは、「ノートに自分なりの回答を書いてみてください」と指示してから挙手してもらう方法です。考えると同時に、言語化を促すため、発言が苦手な学生も主張ができるようになります。

共有は、大人数教室などで、いきなり全体に向かって発言することが難しい場合に有効です。まず近くの席の人と意見交換したり、グループをつくって少し議論させたりしてから全体に向けて発表させます。議論中に発表する役割の人を決めておくように指示をすると、進めやすくなります。なお、共有を用いる場合には、学生同士が隣接して着席している必要があります。ディスカッション開始時点で着席場所の指示をしておくとよいでしょう。

指名は、手がまったく挙がらない場合に用います。「前から三列目の人に

お願いしましょう」と指示し、心の準備をさせながら議論を進める方法も
あります。

2.4 学生が考えるための材料を準備する

　「学生が意見を言わない」「議論が深まらない」という問題の大きな原因の一つに、学生に十分な知識を提供していないことがあります。問われた側としては、「いきなり聞かれても、知識がないから、自分の意見もない」というのが本音でしょう。このような状態をつくらないためには、学生が考えるための材料を準備することが重要です。教科書、データ、書籍、雑誌、記事のコピーなど、議論をサポートする材料を準備します。

　事前にしっかり予習してこなければ深まらないであろう議論であれば、授業前に課題としてこれらの材料を渡します。読み込んでくることを求めるだけならば、要約させる課題を用意すればよいのですが、あえて学生自身に問いを立てさせるために、疑問をリスト化させる課題にするのもよいでしょう。もちろん、教員が用意したディスカッションのテーマそのものについて考えてきてもらう場合もあります。課題が難しい場合には、当日の授業の中で提示し教員が説明をする場合や、時間をとって授業中に読み込ませる場合があります。

2.5 適切な教室環境を用意する

　ディスカッションの形態にもよりますが、基本的に可動式のイスや机がある教室で授業をしましょう。お互いの顔が見える状態で進めた方が活発な議論になります。扇形の配置にすることで全学生と教員の顔が見える状態をつくったり、立場ごとに席を固めて議論を進めたり、ペアやグループで少し議論をしてから全体で共有するといった方法も考えられるため、机やイスが動かせる方がよいと言えます。

　また、机の形を変えるためには一定の広さが求められるため、受講人数よりも少し多めの定員の教室を用意するとよいでしょう。ただし、人数に対してあまりにも広すぎる教室は避けるべきです。白熱した雰囲気をつくりにくくなってしまうためです。

3 ディスカッションを運営する

3.1 ディスカッションを始める

1 | ディスカッションの目的を伝える

　学生のディスカッションへの参加度が低くなる原因として、学生自身がディスカッションの目的やねらい、意義を理解していないことがあります。

　授業全体を通じて頻繁にディスカッションを取り入れる場合は、初回の授業のオリエンテーションでディスカッションの位置づけを説明しましょう。授業の一部に取り入れる場合は、ディスカッションを行う直前でもかまいません。大事なことですから、板書したり、ディスカッションのルールとともに印刷物にして配付したりするなどして、常に確認できるようにしておくとよいでしょう。なお、ディスカッションの目的は授業の学習目標と結びつけて説明しましょう。

2 | 準備状況を確認して開始する

　ディスカッションを始める前に、学生の準備状況を確認します。課題を与えていた場合には、どの程度の学生がどれほど取り組んできているかを確認します。授業中でも確認できますが、授業前に少し早く教室に来て、何人かの学生に課題の感想を聞いてみてもよいでしょう。課題への取り組み状況が悪い場合には、一度課題について考える時間をとってからディスカッションを始めます。

3.2 議論を促す

1 | 観察する

　議論が始まれば、教員は参加者ではなく、議論を導くファシリテーターであるということを忘れないようにしましょう。議論を進める上で大切なことは、学生を観察することです。

　たとえば、問いを投げかけたときの学生の表情を読み取り「もしかしたら問いが理解できていないかもしれない」と感じれば、言葉を変え、具体例を出して問い直す必要があります。下を向いている学生を見つければ、あえて指名して議論に巻き込み、議論が停滞し始めれば前を向いている学生を見つけて意見を求めます。学生の態度や表情を読み取りながら議論を進めましょう。

2 | 傾聴する

　学生が発言しているときは、彼らが話しやすい雰囲気をつくります。話すまでに時間がかかる学生もいるため、辛抱強く待つことが求められる場面もあります。うなずき、相づち、ほほえみを意識して行うと、より意見が言いやすい雰囲気にすることができます。また、学生の発言の内容について、学生が最も言いたいことや真意は何か、言い残していることはないかに注意を向けます。学生の発言を途中で遮ることや、急いで結論づけることは極力避けましょう。

3 | 受け止める

　学生が話し終わってから、「〜ということですね」と要約し「他に言い残したことはありませんか?」と確認することは発言を整理する上で有効です。その上で「発言してくれてありがとう」「よく考えていますね」など、学生の行動や発言内容についてまずは認めることが大事です。ここで学生の意見をいきなり批判したり、否定したりしてしまうと、発言することに対して緊張感を与え、場全体の議論を沈滞させてしまう危険性が高まります。学生の主張を要約して板書していくと、議論を整理し、深める上で役に立ちます。学生と教員の間で自由に意見が言えるようになるまで、少しずつ信頼関係を高めていきます。

4 | 議論を深める

　「学生に任せていて議論が深まらない」というのは当然のことです。一方、学生の発言の直後に教員が解説をしてしまうと学生同士の議論が深まりません。学生の思考を尊重しながらも、学生の意見に対して重ねて問いかけることは重要です。

　「今の主張の中で一番言いたかったことは何ですか?」「どのような具体例がありますか?」「〜という場合はどうでしょうか?」「なぜ〜と考えたんですか?」と一段掘り下げるとよいでしょう。

　また、本人だけでなく、他の学生にも同様の問いを投げかけ、1人に対してではなく、全体に対して問いかけていくことも有効です。「〜さんの〜という意見に関して君はどのように考えますか?」と学生同士の意見をつなぎ合わせる方法もあります。

5 | 整理し論点を明確にする

　数名の学生の意見を聞いた後に、議論を整理し論点を明確にします。共通点と相違点を分ける、抽象的な枠組みで整理する、論理構造を整理するなどです。何が明らかになり、何がまだ明らかになっていないかを示した上で次の問いをクラス全体に投げかけます。学生が目を向けることができていない点や、考え抜くことができていない点について、さらに議論を深めます。

3.3　軌道を修正をする

1 | 気づかせる

　学生が課題や問いを勘違いした回答をする、間違った前提に基づいて議論が進むといった場合には、確認することが有効です。「今考えるべき問題は何だったでしょうか？」「私が提示した問いを覚えていますか？」と問いかけたり、素材として与えた論文や資料のしかるべき箇所を再度学生に確認させたりすることも有効です。あるいは学生の発言について「つまり、あなたの言いたいことは〜ということですか？」と要約したり、議論に関係のある部分を意図的に明確にしてもよいでしょう。ただし、やりすぎると教員が議論を誘導しているという印象を学生に与え、自由な発言を阻害してしまう場合もあるため注意が必要です。

2 | 問いかけ方を変える

　こういった問題の原因が最初に提示した問いそのものにある場合があります。教員の意図が伝わりにくい問い、難しすぎる問い、逆に簡単すぎる問いなどです。全体にとってそのような問いを与えてしまっている場合は、全体への問いそのものを変える必要がありますし、個別の学生の理解度の問題である場合は、全体への問いは変えずに、目の前の発言する学生への問いかけのみを変えることもあります。

　たとえば、「〜についてどう思いますか？」という問いかけの答えに窮している学生に対して、「少し質問を変えてみましょう。この問いについて、あなたは賛成ですか、反対ですか？」と選択式の発問に切り替え、学生の回答を待ってから、「わかりました。では、賛成する理由は何ですか？」と問うなど、段階をふんで学生に答えさせるようにします。

3｜他の学生を巻き込む

　問いかけの仕方を工夫しても、答えが出てこない場合もあります。「考えてくれてありがとう。また考えがまとまったらぜひ教えてください」とその場をおさめ、「他の人はどう考えますか?」と別の学生の意見を聞きます。また、議論が白熱したり停滞したりする場合もあります。その場合、一部の学生のやりとりのみで議論が進んでいることが多いため、未だ発言せず、思慮深く見守っている学生に意見を求めることで、その場を打開することもあります。

　基本的に教員は一つの問いかけに対して1人の学生だけでなく複数の学生に発言を求めるようにしましょう。多様な視点が得られるだけでなく、その中から本質にたどり着くためのヒントを見つけ出し、次の問いに応用していくことが可能になるからです。

3.4　ディスカッションを締めくくる

　ディスカッションをどのように締めくくるかは大切です。時間切れでなんとなく終わった、ということだけは避けなくてはなりません。議論することを通じて、何かが明らかになった、考えた甲斐があったという気持ちになることが重要だからです。教員がまとめをしてもよいですが、学生を指名して今日のディスカッションの結論を述べさせてもよいでしょう。

4　ディスカッションを活性化させる

4.1　ディスカッションのルールを伝える

　学生がディスカッションに慣れていない場合には、ディスカッションをうまく進めるためにルールを設定してみましょう。ディスカッションを始める前に、ルールを配付して説明するとよいでしょう。たとえば以下のようなルールがあります。

ディスカッションのルールの例

基本的なルール
・最善の結論に至ることに重点を置く
・すべての人が発言し、すべての人の発言に耳を傾ける

・自身の考えや先入観に自分の思考がとらわれない
・一つの正しい答えや結論が出ない場合がしばしばあることを認識する

傾聴に関するルール
・自分の考えとは異なる意見にも耳を傾け、理解しようと努力する
・他者の意見を必要以上に遮らない
・誰かの発言が明確でない場合は、その発言について本人に真意を確認する

主張に関するルール
・教員に話しかけるのではなく、他の学生の方を向いて話す
・主題に沿って、簡潔に話す
・可能な限り理由や根拠を示しながら発言をする
・批判する場合には、個人ではなく意見や考え方を批判する

　時間に余裕がある場合は、学生自身にディスカッションのルールをつくらせてもよいでしょう。ルールに納得してディスカッションに参加することができます。

4.2　役割を与える

　学生に役割を与えて議論を進めてもよいでしょう。賛成派と反対派に分かれて討論させる方法に**ディベート**[p.162]があります。学生を賛成派と反対派に分ける場合、賛成か反対かは自身の意見をもとに決めてもらってもよいし、教員が割り振ってもよいでしょう。自分の意見とはまったく逆の立場に立たせて主張させてみるというのも一手です。さまざまな立場の主張を客観的に検討する力を高めるといった学習目標がある場合は特に効果的です。

　役割は二項対立ばかりではありません。検察官、弁護士、裁判官というような、評価者も加えた上での議論も可能でしょう。また一人一人を各国代表に見立てて、国際政治をテーマに議論することもできます。

　批判者、賛同者、質問者、司会者、記録者など、それぞれにディスカッションの中での役割を与えて議論を進める方法もあります。進行役を完全に学生に任せ、進め方も教員は相談にのるだけで、学生に決めさせてもよいでしょう。

4.3 ホワイトボードを活用する

　ホワイトボードや黒板は講義の授業にのみ使用するものではありません。議論を効果的に進めるために、ホワイトボードを活用しましょう。学生の発言の内容を記録することで、学生は議論の過程を理解し、考えてから発言するようになります。教員が授業終了時の板書の全体像をイメージしておくと、学生の発言を書き込む場所を特定しやすくなります。ホワイトボードではなく、パソコン上で議論の整理を入力し、スクリーンに投影してもよいでしょう。

　また、学生に白紙のA4用紙を配付し、自身の意見や質問を大きな字で書かせ、記名させた上でマグネットなどを用いて前に貼り出させる方法もあります。教員はその紙を整理しながら学生を指名し、議論を展開していくことができます。

4.4 学生の参加度を高めるさまざまな工夫

　授業でより多くの学生に発言させたい場合は、**発言チップ**[p.166]、**発言カード**[p.166]を活用してもよいでしょう。発言チップは、受講生全員に学期開始時に3枚程度配付し、その学生が発言するたびに1枚ずつ回収します。全受講生は学期終了までにすべてのチップを使い切らなければならないというルールを設定しておきます。発言カードはその逆で、発言した学生に用紙を渡し、記名させて回収し、その学生の成績に加点するというものです。

　授業中だけでなく授業外でのディスカッションを促すこともできます。事前課題を提示し、学習管理システムを用いて事前に意見を集めたり、事前にウェブサイト上で簡単な議論をしておき、その際の論点などをさらに授業で深めたりするといった方法です。授業中の議論の続きをウェブサイト上で行うことも可能です。

　そのようなシステムを使用しなくても、授業前や授業後に数名の学生に意見を直接聞き、その内容をディスカッションの導入に活用することもできます。いずれにしても、唐突にディスカッションに入るより、事前に学生の意見を明らかにさせておくとよいでしょう。

レポートを活用したパネル・ディスカッション

　学会のシンポジウムなどでよく行われているパネル・ディスカッションを授業に活用した実践があります（市川1997）。事前レポー

トで学生一人一人がディスカッションのテーマについて自分なりの考えをまとめた後に、ディスカッションを行います。

　いきなりディスカッションに入ると討論が盛り上がらないため、事前に400字程度の簡単なレポートを書かせます。自身の経験をふまえられるものや、賛否が分かれるようなテーマが望ましいとされます。提出されたレポートをもとに賛成派、反対派、中間派などに分けます。

　授業当日は討論を授業に取り入れる目的（「各自の考えをより広い観点から吟味し、洗練された意見をもつため」など）を説明した上で、パネル・ディスカッションを開始します。まずパネリスト各自に1人3～5分程度で自分の主張を話してもらいます。次にパネリスト間での質疑応答を10分程度行い、最後にフロアを含めた全体討議を20分程度行います。教員は司会進行役を務め、できるかぎり中立的な立場で議論の整理を行いつつ、議論に資すると思われる材料を提示したり、「私見」として自身の意見を述べます。

　また、やりっぱなしで終わらないように、討論での自分の意見や他人の意見に対してどのように感じたのかを、事後レポートとしてまとめさせます。書式も、事前レポートの内容に続けて事後レポートとしての意見を書くよう指示します。これにより討論前後で自身の意見がどのように変化したかを明確にすることができます。

　この方法には、授業への集中力を高めるだけでなく、多面的な物の見方を獲得する効果も認められています。

10章

書かせて思考を促す

1 学習を促すライティングを理解する

1.1 ライティングは大学でよく使われる

　言語化することで知識の定着や応用を促進できるため、「言語化が学習に有用である」と言われています（Chi 2000）。実際、授業内外で学生に対して書くことを課している教員は多いでしょう。筆記試験を行う、試験で小論文を課す、授業後に**ミニッツペーパー** p.166 を提出させる、卒業論文を書かせるなどです。学生に書かせることで、学生の授業内容に対する理解度を把握できるだけでなく、論理的な思考力を育成できると考えられており、大学でよく使われている方法です。大学でのライティングを取り入れた授業は表6のように類型化できます（井下 2008）。

表6　大学での授業におけるライティング実践

知識の構造化を支援する講義型授業	ディシプリン習得型授業
大福帳、何でも帳、ミニッツペーパー、当日レポート方式、自分史づくり、考えるプロセスを支援するワークシート、講義内容の理解を促す記述問題	卒業論文、研究計画書
ベーシックスキル習得型授業	**専門基礎演習型授業**
ノートのとり方 レポートの基本形式 レジュメの書き方	実験演習レポート 調査報告書 臨床実習記録

出所　井下(2008)、p.40

1.2　学習を深めるためのライティング

　多くの人がライティングという言葉から思い浮かべるのは、アカデミックライティングのルールに沿った質の高い記述を求める小論文やレポートです。これらのライティングは、学生が学習内容を正確に理解し、思考を深めることができたかという学習成果を評価するために課すものです（Elbow & Sorcinelli 2014）。

　ライティングは、学習成果を示すだけでなく、学習内容についての思考を促すためにも活用できます。米国では、レポートなど評価に直接的に関係しアカデミック・ライティングに沿うものをハイステイクス・ライティング（High-Stakes Writing）と呼ぶ一方、アカデミック・ライティングほどの水準を求めずに、学生の授業内容への理解と思考を深めるために行うものをローステイクス・ライティング（Low-Stakes Writing）と呼んでいます。ローステイクス・ライティングの代表的な例には以下のものがあります。

・自由記述
・ミニッツペーパー
・質問作成
・グループでのライティング活動
・オンラインディスカッション
・日誌

　日々の授業のさまざまな場面において活用できるのは、ローステイクス・ライティングでしょう。本章では、ローステイクス・ライティングを活用し、学生の思考を促す方法を紹介します。

1.3　ライティングの意義を理解する

　ライティングにはさまざまな方法があるため、その意義も一つではありません。授業内にライティングを課すことの意義としては、次のものが挙げられています（Nilson 2010）。

・記憶の保持を促すことができる
・思考を深めることができる
・さまざまな読者の関心、背景、言葉に対する学生の感受性を高めることができる

- 学習状況や理解度を把握できる
- 振り返りの機会を提供できる

　教員は、自分は何を重視してライティングを課すのかを考える必要があります。教員の意図に基づいたライティングを組み込むためには、どの場面で、どのような問いと指示を出すべきかについて考えましょう。

1.4　適切に指示を与える

　学生にライティングを課すときに大切になるのが、教員の指示の与え方です。課題に対する指示があいまいだと、学生が何をすればよいのかわかりません。そうすると、せっかく学生が課題に取り組んでも、教員の意図とは異なるものが出てきてしまいます。このようなことが起きないように、指示を与える際には以下の点に注意しましょう（Mickelson 2012）。

1｜書く目的を示す

　なぜ書く必要があるのかを学生に伝えます。多くの学生は、書くという行為を面倒だと感じています。動機づけを高めるためにも、教員の意図をはっきりと示します。

2｜時間を示す

　あらかじめ、書くための時間が何分あるのかを示します。時間をスクリーンに投影したり、残り時間が少なくなったら「残りは何分です」と言葉で伝えたりするようにします。

3｜視覚と聴覚で設問を示す

　ワークシートにあらかじめ設問を書いておいたり、ホワイトボードに設問を書いたりするなどして、学生が見てわかる形で設問を提示します。また、視覚的に伝えるだけでなく、設問を口頭でも伝えるようにするとよいでしょう。

4｜どのように書くのかを明確にする

　ワークシートにどのような形式で書けばよいのかを伝えます。書く形式を統一しておくことで、学生が書きやすくなり、また、書いたものを共有しやすくなります。

5 | 次の学習活動を明確にする

　書いた後にどのような活動をするのかを伝えます。書いたものをもとにディスカッションをするのか、**ディベート**p.162 をするのかなどです。あらかじめ次に何をするのかを伝えておくことで、次の学習活動へスムーズに移ることができます。

6 | 評価との関係を明確にする

　書いたものをどのように評価するのかを伝えます。成績に加味するのか、提出を求めるのか、誰が評価するのかなどです。

7 | 読み手を明確にする

　書いたものを誰が読むのかを伝えます。担当教員だけが読むのか、他の学生にも読ませるのか、他の教員が読むのかなどです。

2　目的に応じてライティングを選択する

2.1　学生の先行知識を引き出す

　すでに知っている先行知識と新しく学習する内容を関連づけることで、効果的に学習することができます。アクティブラーニングにおいて、先行知識を引き出すことは不可欠であると言われています（Nilson 2010）。

　学生の先行知識を引き出すためにはさまざまな方法がありますが、**ブレインストーミング**p.164 もその一つです。授業の始めに、これから扱うテーマやキーワードを取り上げ、「○○という言葉からあなたが思いつくものを書き出しなさい」といった課題を与えることができます。

　また、「前回の授業で重要なこととして覚えていることを書き出しなさい」「昨年の前期に履修した教育学入門で学習したキーワードを、箇条書きで書き出しなさい」など、前回の授業や関連する科目で学習したことを書き出させてもよいでしょう。授業の導入の段階においてライティングを課すことは、学生を学習に集中させる働きももっています。

2.2　思考を整理する

　授業内でグループディスカッションを行うとします。「○○について5分間話し合いなさい」と急に言われても、学生は課題が出されたばかりで

頭が整理できません。議論が表面的なものとなったり、話す内容が出てこなかったりするという状況が生まれてしまいます。もしくは、話し好きな学生が議論を支配してしまい、他の学生が発言できないという状況が生まれやすくなります。このような状況を生まないために、ディスカッションやグループ活動を行う前に、学生の思考を整理させておくとよいでしょう。

　思考の整理を促すために、学生に自分の意見を書かせましょう。ディスカッションやグループ活動の課題を提示し、学生が個人で自分の意見を考える時間を設けます。発言が苦手な学生にとっても、手元にあるメモを読めばよいという、発言しやすい状況をつくり出すことができます。思いつく意見を書きなさいという指示でもよいですが、意見についての根拠や理由を書かせた方が、深い議論を導くことができます。

2.3　学習内容を整理させる

　説明や要約をさせるライティングを活用することで、学習内容を整理させることができます。講義内容に新しい情報が多かったり、論理構成が複雑だったりする場合、一度にすべてを理解することは難しいです。区切りのよいところで時間をとり、それまでの講義内容を学生に要約させたり、新しく学習した概念について自分の言葉で説明させたりします。講義の中で、学生が理解できなかった点や質問を書かせてもよいでしょう。授業の終わりに90分の学習内容の振り返りとして要約を書かせるよりも、授業の途中に何回か要約のライティングを課す方が、学生の学習内容への理解を深めるためには効果的です。

　学習内容を整理させるためのライティングは、講義の途中だけでなく、授業の始めやグループ活動の終わりにも活用できます。授業の始めには授業外で課題レポートを書くために行っている学習活動を要約させる、課題文献を要約させる、前回の授業での学習内容を要約させるといったことができます。また、ディスカッションやグループ活動はやりっぱなしにならないようにディスカッションやグループ活動での議論を要約させてもよいでしょう。

2.4　知識の定着を図る

　知識の定着を図る方法の一つとして、授業内容に関する練習問題があります。講義内容に関する問題を作成し、学生に解かせます。このような練

習問題で、書かせる頻度を増やし、知識の定着を図ります。

　練習問題に取り組ませる以外にも、学生自身に講義内容についての問題をつくらせることもできます。学習内容を深く理解していなければ、すぐれた問題を作成することはできません。このとき、学生の作成した問題のうち、特にすぐれたものは最終試験でそのまま用いると伝えておけば、問題作成に対する学生の意欲を高めることができます。

2.5　授業全体の振り返りを促す

　授業で最も頻繁に活用されているライティングは、振り返りです。「今日学習した内容を100字以内でまとめなさい」「今日学習した内容が、日常のどのような場面で役に立つかを挙げなさい」「授業で理解できなかった点や質問を書きなさい」など授業内容のまとめ、授業についての質問や感想を書かせます。教員は学生に書かせたものを回収し、次回の授業までに読むことで、学生の授業の理解度を把握できます。また、次回の授業で、多くの学生が質問しているポイントを再度解説したり、すぐれたコメントを抜粋して紹介したりすることもできます。

　この手法は、ミニッツペーパー、コミュニケーションカード、リアクションペーパーなどさまざまな呼び方があり、日本の大学でもさまざまな取り組みがなされています。たとえば、授業内容の進め方などに関する感想や要望などを学生に書かせる**大福帳**[p.166]を活用した実践があります（織田1991）。大福帳の特徴は、学生のコメントに対して教員がコメントを書く欄があり、学生と教員の授業回数分のコメント欄が1枚に収められている点です。

　また、講義に対する質問を書かせる**質問書方式**[p.166]も早くから取り組まれている実践です（田中1999）。質問書方式では、学生の質問に対して教員が回答をするだけでなく、質問に対する評価を成績評価に組み込んでいます。

教員と学生のコミュニケーション・ツールとしての大福帳

　大福帳は、出席票をかねたA4判厚紙の感想記入カードです。織田揮準氏が、学生の授業に関する意見や感想を授業ごとに収集することで、細やかな授業改善ができると考え、開発した手法です（織田1991）。学生の出席を管理する閻魔帳にはならないようにという

戒めと、教員と学生に対して「大きな福」をもたらすようにという期待から、大福帳と名づけられました。織田氏が大福帳を最初に授業に導入したのは、1989年度後期の「教育心理学」の授業(受講生59名)です。

大福帳には、①学年、学籍番号、氏名の記述欄、②授業回数分の学生用自由記述欄(授業内容・講義の進め方等に関する感想・要望等)、③学生の自由記述に対する教員用コメント欄が印刷されています。学生用自由記述欄は、毎回数行ずつ学生が意見や感想を記入できるように、罫線で仕切られています。学生が意見や感想を書くだけでなく、教員がそれに対するコメントをしっかり書くところに、大きな特徴があります。

大福帳を活用した授業の流れは、次の通りです。授業終了の5～10分前に学生が授業に対する意見や感想を書き、提出します。次回の授業までに、回収したそれぞれの大福帳に教員がコメントを朱書きします。次回の授業開始時に、大福帳を学生に返却します。この流れを、1学期間を通して行います。

大福帳の効果として、欠席防止、積極的な受講態度の形成、教員と学生間の信頼関係の形成、授業内容の理解促進、授業内容の充実などが挙げられます。一方、すべての学生の意見や感想に対して教員が毎回コメントを書くため、多人数授業では教員はコメント記入に多くの時間を費やす必要があります。

3 ライティングを授業に組み込む

3.1 書いたものを保管させる

ライティングを授業に継続的に取り入れることで、学生は書くことに慣れます。また、ライティングの意義を理解し、書くことへの抵抗を減らすこともできます。ライティングは、15回の授業のうち1回だけ取り入れるよりも、継続的に組み込んだ方が効果的なものになります(Mickelson 2012)。

授業で継続的にライティングを組み込むと、学生が書いたワークシートの量は多くなります。書いたものは学生に捨てさせず、ファイルに保管させるようにします。これらのワークシートは、レポートを書く上での資料となったり、授業全体を振り返るための材料となったりします。また、学生に自分の学習を自己評価させる場合には、その根拠資料としても活用できます。

3.2 教員やTAが模範を示す

　ライティングを教員やTAも実際に行うことでより効果的なものとなります。授業中に学生とともに書くこともできますし、授業前に書くこともできます。

　授業中に学生とともに書くことのメリットは、学生の教員に対する親近感を高め、学生の意欲を向上させることができる点です。また、書いたものを共有することで、学生は教員の考えや感想を理解することができます。教員も学習者であるというメッセージを伝えることもできるので、教員と学生の距離を縮めたい場合にはよいでしょう。

　一方、授業前に書いておくことのメリットは、課題の難しさや修正箇所を理解できる点です。事前に実際に書いてみることで、課題の難しさや誤字脱字を事前に把握でき、課題の内容や文章を修正することができます。また、事前に複数パターン書くようにすれば、活動の後の解説や議論を深めることができるでしょう。

3.3 学生が書いたものに対応する

　学生が書いたものをどのように評価するかは多くの教員が悩むことです。学生が書いたものすべてにコメントしなければいけないという考えをもち、評価への負担感から授業にライティングを組み込むことをあきらめる教員もいます。確かに、学生の書いたものすべてにコメントをつけて返却すると、学生の学習への意欲を高めることはできます。しかし、ライティングの一番の目的は学生が思考を深めることであり、教員がコメントをつけたり評価をしたりする必要はないという考え方もあります。

　学生が書いたものへの対応の仕方には、以下のものがあります。

- 学生の記入したワークシートを集めて評価することはしないが、授業で学生同士に共有させる
- 学生の記入したワークシートを集めて、ざっと読み、一部のコメントを全体で共有する
- 少人数にして、学生が書いたものを相互に評価させる
- 簡単な言葉や質問を書いて返却する
- チェックマークやスタンプなど、読んだことを示す簡単なマークをつけて返却する
- 授業時に書いたワークシートをテスト時に持ち込めるようにする

3.4　ICTを活用して書かせる

「授業時間内に学生に書かせていると、説明する時間が少なくなってしまうので困る」と考える教員もいるはずです。確かに、書いたものを共有する時間も含めると、多くの授業時間を使うことになります。しかし、ICTを活用して授業時間外に学生に書かせることで、授業内の説明の時間を確保してライティングを取り入れることができます。SNS内の授業グループに授業についての感想やコメントを投稿させる、課題を与えて教員に電子メールで送付させるなどといった方法が考えられます。

もちろん、授業内でもICTは活用できます。授業中、携帯やノートパソコンを使って学生に課題に対する意見を送ってもらい、それをスクリーンに投影し、受講者全員で共有します。授業内にICTを活用することの強みは、リアルタイムでより多くの学生の意見を共有できる点や、学生の疑問点や質問にすぐに対処できる点です。

3.5　協同して書かせる

ライティングは、他の学生と協同して行うこともできます。代表的な技法として、次の二つがあります（バークレイ 2009）。

1｜ダイアログジャーナル

ダイアログジャーナル p.167 は、ペアでコメントや質問をし合う技法です。課題文献を読んだ後、講義を聴いた後、ディスカッションの後などに、学生全員にコメントや感想を書かせます。書いたものをペアで交換し、相手が書いたものにコメントや提案、回答、質問を書かせます。ペアをあらかじめ決めておけば、オンライン上でも簡単に実施することができます。

たとえば、学生に次の授業までに「今日、視聴した映像の感想をノートに書いてきなさい」「今日の講義で疑問に感じたことをノートに書いてきなさい」と指示します。次の授業で、ノートを隣の学生と交換させ、交換したノートにコメントを書き込ませます。

2｜ラウンドテーブル

ラウンドテーブル p.168 は、アイデアを広げるために、グループのメンバーが順番にライティングを行う技法です。学会などでの小規模の会議とは異なります。「医学の分野で20世紀になされた重要な発見を挙げなさい」「これまで受けてきたミクロ経済学の講義で、まだ理解できていない点や疑問に

感じている点を挙げなさい」といった単語や短い文章で回答できる課題を学生に提示します。学生を4名のグループに分け、グループの中で書く順番を決めさせます。最初の学生が書き終わったら次の学生が書き、その学生が書き終わったらまた次の学生が書くという作業を繰り返し、全員が書いたら再び最初の学生に戻るという流れで、設定した時間が終わるまで何周か続けます。話し合いの技法の**ラウンドロビン**p.164と同じ流れですが、ライティングであるため、学生は集中して考えながら行うことができます。

4　小論文やレポートにつなげる

4.1　小論文やレポートを書くための準備となる

「日本の環境保護政策について自分の考えを2,000字程度で述べなさい」「授業で扱ったテーマを一つ選び、4,000字程度で論じなさい」など、最後の授業回で最終レポートの課題を提示する教員がいます。書くことに慣れていない学生は、急にレポート課題を示されても、何を書いたらよいのかわからないという状況に陥り、レポートの内容が表面的なものとなりがちです。

このような状況が生まれないようにするために、段階的なライティングを活用することもできます。小さなライティングを積み重ねることで、レポートを書くことが容易になります。

4.2　小論文やレポートにつながる課題を与える

レポートを書くための準備として適切なライティング活動を紹介します。教員がレポートとして学生に何を書かせたいかによって、効果的な課題は異なります。自分の目的に合わせて課題を考えましょう。

1｜レポートの構想を書かせる

レポートの内容にまとまりがなかったり、論理的な飛躍が多いのは、学生が構想をもたずにレポートを書き始めるからです。ストーリーのあるレポートを書かせるために、レポートの構想をつくらせます。まず、学生にレポートのテーマを伝え、どのような構成と内容でレポートを執筆するのかの構想を書かせます。その後、構想を他の学生と共有することで、他の学生がどのような内容について書くのかを知ることができます。

教員が提示したレポートのテーマについて書かせる手法には、そのテーマについて学生個人にキーワードを挙げさせて段階的にレポートを書かせる**キーワード・レポート**（p.167）や、授業時間内にレポートを書かせる**BRD**（Brief Report of the Day：当日レポート方式）（p.167）があります。

授業時間内に簡単なレポートを書かせる

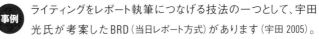

ライティングをレポート執筆につなげる技法の一つとして、宇田光氏が考案したBRD（当日レポート方式）があります（宇田 2005）。BRDの最大の特徴は、授業時間内に学生が簡単なレポートを完成させる点にあります。

BRDの授業は、確認、構想、情報収集、執筆の四つの段階から構成されます。まず、授業の最初の確認段階（5分）で、当日書くレポートのテーマを提示します。その後、構想段階（20分）で、教科書等を参照させながら学生にレポートの構想を書かせます。その間、教員は教室内を見回り、質問がある場合はその場で簡単に説明します。そして、情報収集段階（45分）では、教員がテーマに関する講義を行ったり、他の学生の構想を知る時間を設けるなどして、レポートを書くために必要な情報を学生に提供します。授業終盤の執筆段階（20分）で、学生がA4用紙1枚400〜800字程度のレポートを執筆します。

当日、学生が書くテーマとしては、以下のものがあります。

「発達を規定するのは遺伝なのか、環境なのか。研究上の根拠を示して論じなさい」（講義名「教育心理学」）

「アメリカとはどんな国か。次のような観点から述べよ。国土、人口、言語、宗教、人種構成、天然資源、産業、日本との関係など」（講義名「外国事情・文化論」）

「なぜ一斉指導を行うのか。その理由を述べよ」（講義名「教育方法」）

BRDの主な効果として、受講生の授業への満足度の向上、授業への集中度の高まり、授業中の私語の減少を挙げることができます。一方、課題として、学生がレポートを構想し執筆する時間を授業時間内に設けるため、教員の説明の時間が減少することが挙げられます。教員は学習内容を精選しておく必要があります。

2 ｜ 文献を読む前後に自分の立場を書かせる

　文献を読ませ、テーマに対する自分の立場をレポートで書かせると、学生が文献の内容を無批判に受け入れて書くことがあります。そのようなレポートを書かせないために、文献を読む前に自分の立場を書かせることが有効です。

　まず、「安楽死に対するあなたの立場を述べなさい」「消費税を増税することに賛成するかどうか」など、学生に一つのテーマに対する自分の立場を書かせます。その後、テーマに関連する文献を読ませ、テーマに関する知識を学ばせます。そして、「あなたは最初の自分の立場を支持しますか?」「文献を読む前と比較して、どのような変化がありましたか?」といった課題を提示し、最初の自分の立場に対する自分の考えを書かせます。学生が読む文献は、教員が指定したものでも、学生自身が調べたものでもかまいません。

3 ｜ 実験記録や実習記録の特徴を書かせる

　実験記録や実習記録など、形式が決まっているレポートを書かせることがありますが、形式を守らずに書いてくる学生がいます。学生が形式についての説明を理解していないからです。説明を聞くのではなく、自分で特徴を考えることで、書式・形式を理解させます。書式・形式について説明する前に、模範となる実験記録や実習記録を学生にいくつか読ませます。そして、実験記録や実習記録の構成・書式・形式にどのような特徴があるのかを学生に書かせます。学生が書いた特徴を全体で共有し、実験記録や実習記録でどのように書くことが期待されているのかを学生に伝えます。

4 ｜ 下書き原稿の一部分を書かせる

　字数が多いレポートを書かせる場合、段階的に書かせた方が質の高いレポートになります。レポートの下書き原稿の一部分を書かせます。途中の数段落でも、導入や結論などのパートでもよいでしょう。書いてきたものについて、学生相互にコメントさせます。この課題のよい点は、レポートを書くときに部分的に使えることです。

11章

学生を相互に学ばせる

1 協同学習を理解する

1.1 協同学習とは

クラス規模がある程度を超えた授業で教室全体でのディスカッションをすると、参加度が低く発言もしない学生が多数出てきます。その場合、少人数のグループを複数つくって議論させることで、それぞれの学生の責任感が増し、一人一人の参加度を高めることができます。

このように教室全体で一斉学習をするのではなく、グループに分かれて学生間で協力しながら進める学習を協同学習と呼びます。研究者によって定義には微妙な差異がありますが、本書では「協力して学び合うことで、学ぶ内容の理解と習得を目指すとともに、協同の意義に気づき、協同の価値を学ぶ（内化する）ことが意図される教育活動」（関田と安永 2005）という協同学習の定義を使用します。

1.2 協同学習の意義を理解する

協同学習の意義を確認しておきましょう。まず、協同学習によって学生の主体的な学習が促進できることです。協同学習では、グループの共通の課題を達成するために他のメンバーと協力しながら学習します。他のメンバーへの責任感から学習する必要性が生じます。そして、他のメンバーが自分の学習に役立つこと、自分が他のメンバーの学習に役立つことを学生に実感させることができます。

また、協同の作業に取り組ませることは職業への準備という観点からも重要になります。多くの学生は仲のよい友人グループでの作業には慣れているかもしれません。しかし、就職をして職場で働くことになれば、多様な

メンバーと協同して仕事を進めていくことが求められます。学生には、多様なメンバーから構成されるグループで課題を達成するトレーニングの機会でもあると説明しましょう。

1.3 効果的な協同学習の条件

　授業の中で協同学習を試みても、うまくいかないことがあります。グループ活動に参加しない学生が出てくる、議論が浅くなってしまい到達目標を達成できないなどです。協同学習に関する研究では、協同学習を効果的にするための条件が明らかにされています。以下では、効果的な協同学習の五つの条件を紹介します（中井と飯岡 2014b）。

1 | 互恵的な相互依存関係

　グループのメンバーがお互いを必要とする関係であることです。それぞれのメンバーに異なる役割を与えることで、個々の取り組みがグループ全体の成功に必要とされる状況をつくり出します。

2 | 十分な相互交流

　メンバー間で積極的に交流し、学び合いや教え合いをする時間を確保することです。これにより、それぞれのメンバーが自分にできる貢献を考え、率先して行動に移すようになります。

3 | 明確な個人の責任

　個々のメンバーの責任が明確になっていないと、グループに貢献しないフリーライダーが生まれてしまいます。グループの目標達成に向けた個々のメンバーの責任を明確に決めておきます。

4 | 社会的技能の活用

　リーダーシップ、意思決定、コミュニケーション、信頼の確立などの社会的技能を積極的に活用するよう学生に求めることです。これらは社会に出てからも重要な技能であることを伝えましょう。

5 | 活動の振り返り

　単に協同作業をさせて終わりではよき学びではありません。学習活動の後には、振り返りの時間が十分にあることです。協同学習を進める上で、

メンバーのどのような行為が役立ったのか、どのような行為を変えていくべきかなどについてグループで明らかにさせます。

2 協同学習を授業に組み込む

2.1 目的と方法を明確にする

　協同学習を授業に組み込むには準備が必要です。授業の中で、「グループで話し合ってみてください」と指示するだけでは、効果的な協同学習になりません。まず取り入れる活動をどのような目的で行い、それが授業全体あるいはその日の授業の中でどのように位置づけられるのかを明確にし、学生に示す必要があります。

　授業の到達目標は何か、学生はどの程度の知識や能力を有しているのか、費やすことのできる時間はどのくらいかを考慮し、適切な技法を選択します。協同学習に不慣れな学生が多い場合は、まず比較的簡単な技法から用いるようにしましょう。

2.2 学習課題を組み立てる

　次に学習課題を組み立てます。「原子力発電について議論しなさい」ではあまりに抽象的であり、協同学習は成立しません。たとえば「原子力発電を代替発電に切り替えるべきかどうかについて、切り替えるメリットとデメリットを整理した上で、自分たちのグループの結論を導き出しなさい」とします。議論に慣れていない学生が多ければ「原子力発電を代替発電に切り替えるメリットを考えなさい」「同じくデメリットを考えなさい」「これまで出てきた意見をふまえて自分たちのグループの結論を導き出しなさい」というように、課題を段階的に三つに分けて順に議論させてもよいでしょう。

　学習課題の中に「司会役、書記役、時間管理役、発表役を決めてから議論を始めてください」というように役割分担に関する指示を明記する方法もあります。他にも「賛成役、反対役、観察役」「医師役、患者役、病院経営者役」などさまざまな役割分担の方法があります。このように役割を与えることで、課題の意義が明確になり、より積極的に参加するようになります。

　事前課題を出す場合には、メンバー一人一人に別々の課題を与えることで、それぞれの責任感や貢献度を高めることができます。

2.3　学習環境を整える

　グループでの学習を促進するため、学習環境を整えましょう。グループごとにペン、ふせん、模造紙、小型のホワイトボードなどを用意することによって協同学習を支援することができます。学生に意見を書かせることで、グループ内の意見が整理され、グループの成果を報告することも容易になります。教員にとっても、各グループがどのような学習をしているのかを視覚的に把握することができます。

　グループごとに小型のホワイトボードがなくても、静電気で壁に張り付くシートで代用することができます。そのようなシートは、災害時や緊急時の情報伝達の場面などで活用されるためにつくられたものもありますが、教室においても活用できます。ホワイトボードのようにマーカーで書いたものを消したり、ふせんを貼ったりすることができます。

2.4　グループを編成する

　どのようにグループを編成するかは協同学習において重要な要素です。1グループを少人数で編成した場合、メンバーの参加度は高まりますが、多様な意見が出なくなります。また、グループ数が多くなり、教員が個々のグループを観察できなくなるといった欠点もあります。一方、多人数で編成した場合、メンバーの参加度は下がりますが、多様な意見が出るようになります。また、グループ数が少なくなり、教員が観察しやすくなるといった利点があります。

　それぞれ長所と短所がありますが、一般には2〜6名程度のグループが推奨されます。特に、学生が協同学習にあまり慣れてない場合や、議論に費やせる時間が短い場合はグループの規模を小さくしましょう。

　また、メンバー特性については、同質の学生でグループを編成する場合と、できる限り多様な学生で編成する場合があります。前者の場合は、授業外に集まって議論や準備をすることが容易になりますが、考え方が偏る可能性もあります。後者であれば、多様な議論や学び合いを期待できますが、授業外活動を伴う協同学習は実施しにくくなります。

　このように人数やメンバー特性は、学習目標、技法、学生の能力によって使い分けるとよいでしょう。

2.5　グループに介入する

　グループでの学習が効果的に進むように支援する役割が教員に求めら

れます。その際に最も重要なことは、グループでの学習がうまく進んでいるのかどうかを観察することです。

グループでの学習がうまく進んでいるときは、グループの間を歩き回り、興味深い発言をほめたり、学生の発言の内容を明確にするために質問したりします。あくまでも学生主体で学習できるように促します。

しかし、すべてのグループで活動が順調に進むとは限りません。問題が起きたときの対処は、教員の重要な仕事です。話し合いの協同学習でよく起こるのは、参加の不平等という問題です。たとえば、グループのうち1人が会話を支配してしまい、他のメンバーが発言しないというような事例です。

グループで発言が集中している学生に対しては、積極的な参加態度をほめつつ、他のメンバーの意見も聞いてみるよう促します。逆に、消極的に見える学習者に対しては、参加が求められる役割を与えたり、意見を引き出します。

2.6 学習を振り返る

協同学習は、やらせっぱなしで終わりにしてはいけません。グループで学習したプロセスを振り返る時間をつくることが重要です。評価シートを作成して、グループ全体の成果、グループに対して果たした役割、活動を通して学習した内容を書かせましょう。その上で、グループ内で記述内容を共有させます。

そして、いくつかのグループを指名し、活動内容の概要を発表させましょう。学生は他のグループの発表内容と照らし合わせて自分のグループの活動を振り返ることができます。

3　グループ編成の工夫

3.1　誰がグループを決めるのか

グループの編成を決める方法は三つあります。無作為に決める方法、学生に決めさせる方法、教員が決める方法です。表7に示したように、それぞれに長所と短所があるので、協同学習の目的に合わせて適切な方法を選びましょう。特に長期間にわたって活動するグループの場合は、慎重にグループ編成をします。また、学生に希望を聞いた上で教員がグループ

表7　グループ編成の三つの方法

	長所	短所
無作為に決める	・速やかに決定できる ・学生から見て公平に見える	・メンバーの多様性が保障されない ・協同学習の目的に合わないグループがつくられる可能性がある
学生に決めさせる	・学生が主体的に決定できる ・学生間の関係性を教員が把握できる	・メンバーの多様性が保障されない ・友だち中心のグループになってしまう
教員が決める	・学生の興味や特徴を考慮に入れて決定できる ・協同学習の目的に合わせてメンバーを決定できる	・教員の準備の時間が必要である ・教員主導に進められているように見える

表8　グループ編成のさまざまな方法

フリーフォーム	学生にグループの人数を伝えて、グループをつくらせます。全員を起立させてグループができた学生から座らせるという方法があります。
整列	学生を誕生日順や名前の五十音順に整列させ、グループの人数ごとに列を区切ります。
カウントオフ	グループの数を決めてから、学生に1から順に番号を言わせていきます。決めたグループ数の番号になったら、次の学生には1から番号を言わせます。同じ番号同士でグループを組ませます。
ジグソー・マッチアップ	グループの数だけ絵を用意します。それぞれの絵を、想定するグループの人数と同じ数になるようにはさみで切り、シャッフルします。学生に1枚ずつ引かせ、一つの絵になるように他の部分を探させます。
トランプ	学生にトランプを1枚ずつ配ります。学生は同じ数のカードを持っている学生とグループを組みます。
文章合わせ	詩や文章を準備し、その1行を学生にランダムに配ります。学生に、自分と同じ詩や文章をもつ他の学生を探させます。
挙手	関連した質問に手を挙げさせ、その回答によりグループをつくります。
学生の申し込み	グループで調べる課題を提示します。課題ごとに、申込書を作成し、教室の壁に貼ります。学生に好きな課題を選ばせ、申し込ませます。
エッセイ	意見の分かれるエッセイを書かせ、その内容によりグループをつくります。
データシート	学生の特徴、専攻、履修状況などを記入させるデータシートを配付します。それぞれの項目を学生に記入させた後、シートを回収し、そのデータをもとにグループをつくります。
試験の成績	授業時に実施したテストの成績をもとに、グループをつくります。

出所　バークレイほか(2009)、pp.35-39を参考に作成

編成をするといった二つの方法を組み合わせる方法もあります（Walvoord 1986）。

3.2 さまざまなグループの編成方法

実際にグループを編成するためにさまざまな方法が使用されています。表8は、代表的な例を示したものです。

4 さまざまな技法を取り入れる

協同学習には多様な技法があります。ここでは多くの授業において取り入れやすい協同学習の技法を、①話し合いを促す技法、②教え合いを促す技法、③問題解決や探究を促す技法の三つに分類して紹介します。

4.1 話し合いを促す技法

1｜シンク・ペア・シェア

シンク・ペア・シェア[p.162]は、さまざまな授業に取り入れることのできる、簡単かつ短時間で実施できる協同学習の技法です。シンク・ペア・シェアは、文字通り、「1人で考える」、「2人組で相談する」、「全体で共有する」の順序で議論させます。まず1人で考える十分な時間を与えてから、2人という話しやすい少人数での議論、全体での議論と段階的に活動させる点に特徴があります。また、間違った発言をする際のリスクを低減させることができるのも特徴です。

シンク・ペア・シェアは基本的な型ですが、慣れてきたら自分なりにアレンジを加えるとよいでしょう。たとえば、シンクの際にワークシートなどに書かせる作業を入れる、ペアではなく4人での活動にするなどに変更することができます。

2｜バズ学習

6名1組で行うのが**バズ学習**[p.162]です。バズというのはハチの羽音のことで、「がやがや討論法」と言われることもあります。

個々の学習者を積極的に議論に参加させるために、クラス全体を6人グループに分けて、特定の課題に対して6分間にわたって議論させ、グループでの議論の結果を持ち寄って、クラス全体で議論します。6人グループ

と6分間から「六・六法」と呼ばれることもあります。意見を一致させることよりも、それぞれがテーマについてどのような考えをもっているかを共有することが目標です。議論が白熱している場合は時間を延長することも検討します。

　この技法をより効果的にするための工夫には、最初に自己紹介の時間をとる、全員が必ず1回は発言することをルールとする、テーマについての考えをまずは個人で書き出してから議論を始めるなどがあります。また、あらかじめグループの意見のまとめ役を決めておくことも有効です。ディスカッションの後にどのような意見が出たかを報告してもらうことで、グループの考えを教室全体で共有でき、次の論点を教員が示しやすくなるからです。

3 | ラウンドロビン

　ラウンドロビン[p.164]は小グループでアイデア出しをするための技法です。まず4～6名の小グループをつくります。できるだけ多くのアイデアを出すことを目標とするため、アイデアについて説明したり、批判したり、質問したりすることは禁止であることを伝えます。次に記録係と最初にアイデアを出す人を決め、その人から順に1人一つずつアイデアを出していくよう指示します。制限時間や何周するのかをあらかじめ決めておくことで、ほどよい緊張感をもって進めることができるでしょう。この方法は全員の平等な発言を保証することができるため、よく発言する人とそうでない人が混在しているときに有効です。また、多様な可能性や考え方について検討したい場合にも活用できます。

4 | ワールドカフェ

　多くの協同学習の技法では、グループが固定されますが、**ワールドカフェ**[p.165]はグループメンバーを途中で変えることで、より多くのグループや個人の考えを共有し、深めることができる技法です。

　最初に議論すべきテーマを設定します。ここでは正解が一つに定まらないテーマ、さまざまな考え方がありうる複雑なテーマを掲げるとよいでしょう。次に4～6名程度のグループに分かれ15分議論します。制限時間終了後、ホスト役を1名残して他のメンバーは全員異なる他のグループへと移動します。つまり、一つのテーブルにまったく異なるグループのメンバーが集まることになります。そこで再び15分議論します。ホスト役か

らの説明により、そのテーブルでどのような議論がされたかを簡潔に共有するところから始め、後は自由に議論させます。多くの場合、他のメンバーも自分がいたグループでどのような議論がなされたかを共有しながら議論を広げ、深めます。制限時間終了後、全員が最初のグループに戻ります。そこで再び15分議論します。

他のグループにおいて議論したことを持ち帰り、さらに議論が展開します。多くの意見に触れてもらいたいとき、メンバーが固定するとマンネリ化する可能性があるときに有効です。

4.2　教え合いを促す技法

1｜ラーニングセル

ラーニングセル[p.169]は、学習テーマや学習課題について、学生自身に質問をつくらせ、学生同士で取り組ませる技法です。授業内容について積極的に考えさせ、理解度を高める上で効果的です。

まず、学生個人に質問とその解答をつくらせます。その際どのようにつくるか指示をしてもよいでしょう。たとえば「一つは教員が重要と指摘した事項に関することで、正解が一つに定まるような問題をつくってください。もう一つは自分が関心をもった事項に関することで、正解が定まらない個人の考え方を問う問題をつくってください」とします。続いて学生同士をペアにし、お互いの問題を交換させ、解き合わせをさせます。解いた後、お互いが用意した解答も交換し、その正誤について検討します。解答そのものが本当に正しいかどうかについて議論が起こることもあります。

この技法を用いる場合は、質問と解答の作成を事前課題としてもよいでしょう。じっくり考えさせることでよりよいものにできます。さらに、事前に提出させることで、学生が何に関心をもち、どのような理解をしているかを明らかにすることができます。

2｜ジグソー法

ジグソー法[p.170]はグループで教え合う技法です。ジグソー法は、あるメインテーマについて複数のサブテーマを設定し、各サブテーマ別の専門家グループに分かれて学習した後、グループ間で学習内容を共有し合うことで全体について理解を深める方法です。複数の論点の理解が全体の深い理解につながるような学習テーマにおいて有効です。

まず学習するメインテーマとサブテーマ、およびジグソー法の概要につ

いて学生に説明します。次に学生の興味もしくは教員の指示で、学生をサブテーマごとの専門家グループに分け、その内容を理解し、知らない人にわかりやすく説明できるように準備をさせます。その後、学生を専門家グループからジグソーグループに移動させます。ジグソーグループは、すべての専門家グループから1名以上が集まるようにします。グループができたことを確認したら、メンバー全員がすべてのサブテーマについて理解をすること、またメインテーマについて複数のサブテーマをうまく統合して説明できるようにすることを目標に教え合わせます。

　学習の成果は、ジグソーグループごとに発表させたり、個人レポートや小テストなどで評価します。この技法では個人の責任と学生同士の互恵関係を明確につくり出すことができ、複雑なテーマに関する包括的な理解を促すことに適しています。

学生同士の教え合いを通して学習を促す

事例　人は、教えるときによく学ぶと言われています。大門正幸氏の考案した「全員先生」方式は、学生が教えるという活動を授業に組み込み、学習を促す技法です（大門 2009）。

　具体的には、学生同士でペアを組ませ、「教員」役と「学生」役を決定し、5〜10分程度教員役から学生役へ授業テーマに関する「ミニ講義」を行わせます。次に役を交代し、同様にミニ講義を行わせます。その後教員が40〜60分程度の講義を行い、内容を補足します。最後にミニ講義の感想を全員に書かせ、ペアとその感想を交換させることで、ミニ講義への責任感を高め、伝える力を育むことができます。

　この技法の大事なポイントは、授業前に「講義用ハンドアウト」を学生に作成させることです。ハンドアウト作成のモチベーションを高める工夫として、成績評価の一部とすること、ベストハンドアウトを毎回教員が発表することなどが挙げられます。また、ハンドアウトが用意できなかった学生がいる際に対応できるよう、教員がハンドアウトの例を作成しておくと、全員を授業に参加させることができます。

　TAに協力してもらえるならば、受講生の数が奇数になった場合でも学生とペアを組んでもらうことができますし、サンプルハンドアウトをTAに作成してもらうことで教員の負担を減らすこともできます。

　この授業では授業内容の理解を促すことはもちろん、授業外学習を

促し、要約力、伝える力を高める効果が確認されています。

3｜グループテスト

グループテスト^{p.169}は「試験」を効果的に学習に組み込んだ技法です。授業内容の理解と定着に効果があり、事前に試験範囲の学習内容を講義したり、学生に予復習させておくことが前提になります。最初は個人で試験を受けさせ、制限時間内に提出させます。制限時間終了後、すぐにグループに分かれて、同じ試験内容について、今度はグループで相談しながら解答を作成させ、制限時間内に提出させます。成績には個人の試験結果と、グループの試験結果の両方を反映させます。競争原理がより学習意欲を高めると判断される場合は、高得点のグループを表彰したり、順位づけをするといった方法も考えられます。

グループ分けの際には、グループごとに学力の優劣が出ないようにします。試験前にあらかじめグループを発表し、グループでの予復習を促すこともできます。グループは1回ごとに変えるのではなく、複数回同じグループでチャレンジさせることでグループ内の人間関係が深まり、グループへの貢献意欲と一人一人の学習効果を高めることができます。資格試験に直結する科目や、回答が定まりやすい基礎科目で特に有効です。

グループで解答する機会を設ける

事例 グループテストは、個人で解答するテストの直後に全く同じ問題を学生同士で相談しながら解答する機会を設け、解答を2回提出させる方法です。テストの問題としては、お互いの解答を得るプロセスに議論を焦点化させるため、正誤問題、多肢選択問題、組み合わせ問題、穴埋め問題、計算問題、短文解答など、学生間の解答の差異が明確な問題の方がよいとされています。また、受講者数が200名を超える授業においても実施できます。

グループテストは、医療専門職分野で用いられているTeam Based Learning (TBL:チーム基盤型学習) にも組み込まれています。TBLは、学生が個別学習を行う予習段階、実際の講義の時間となる準備確認段階、学習内容の応用段階という3段階で構成されていますが、グループテスト形式のグループ準備確認テスト (Group Readiness Assurance Test:GRAT) が行われるのは準備確認段階です。

埼玉県立大学看護学科では、1年次必修科目の「内部環境を維持する働きと看護Ⅰ」(受講生122名)の第7回「栄養・代謝機能障害のある成人への看護援助」で、TBLを導入しています(常盤と鈴木 2010)。事前に、個別学習のための予習資料(パワーポイントスライド33枚)を学生に配付します。授業当日の準備確認段階では、まず個人の予習状況を確認するために、10分程度でできる3択式の選択問題からなる個人準備確認テスト(Individual Readiness Assurance Test:IRAT)を行います。IRATの解答用紙を回収した後、GRATとして4人グループで同一の問題を15分程度で話し合って解答します。採点を即時に行うため、GRATではスクラッチシートやコンピュータを活用するとよいといわれています。採点後には、間違えた点に関する質問や反論をするためにアピールの機会を設けます。

4.3　問題解決や探究を促す技法

1│タップス

　タップス^{p.170}は教員が提示した一連の問題を学生が役割分担しながら解く技法です。学生はペアをつくり、一方が問題を解く役、もう一方が解き役の考えた解法を聴く役になります。解き役は、問題を解くプロセスを声に出したり紙に書いたりしながら解答を導き出します。聴き役は、解き役の様子を見守り、必要に応じてアドバイスをし、間違いを指摘します。問題ごとに役割を交代させながら進めていくとよいでしょう。

　教員は教室内を見回り、つまずいているペアや間違った方向へ進んでいるペアはないか観察します。あらかじめ解答の評価基準や基本的な進め方を示すことによって、解決の方向性の間違いを防止することもできます。また、ペアによっては早くにすべての問題を解決してしまう可能性があるため、追加の発展問題を用意しておくとよいでしょう。

　解決力が高い学生と低い学生を組ませることにより、高い学生には教える能力、低い学生には解決基礎能力の育成が見込めます。この際、解決力の高い学生には教える能力を向上させることの意義について説明します。それがないと不満が出る場合があります。また、全体的に解決力が低い場合は、クラス全体で何度か練習を行ってからタップスに移行させるとよいでしょう。

2 | アナリティック・チーム

アナリティック・チーム[p.169]はグループで課題に取り組む技法です。教員はまず課題を提示します。必要な場合は教材も合わせて提示します。学生を4～5名のグループにし、一人一人に役割を与えます。全員に別々の教材を与えることもできますし、同一の教材について「批判する」「例示する」「要約する」「質問する」といった別々の視点から分析させることもできます。教材を学生に探させる場合は「新聞担当」「論文担当」「書籍担当」といった役割を与えることもできます。最後はグループとしての分析の結果をポスターにまとめさせて発表させたり、個別にレポートを書かせたりしてもよいでしょう。

重要なことは課題と役割の設定です。課題はさまざまな見方や分析が可能なもの、できれば学生が関心をもちやすいものがよいです。役割については、それぞれ求められる能力は異なるがいずれも重要なものを考えます。この技法を複数回使う場合は、役割を変えながら進めるとよいでしょう。

12章

経験から学ばせる

1 経験は学びとなる

1.1 なぜ経験学習なのか

　経験学習は、実際に経験し、それを振り返ることでより深く学ぶ学習です。ここでの経験とは、個人を取りまく環境との相互作用を指しており、具体的には実社会、実習、観察、サービスラーニング、インターンシップ、海外留学、課外活動などがあります。

　経験学習が重要視される理由は、それが広範な能力の向上につながる教育であるためです。教室での教育は認知的な側面に偏りがちになります。しかし経験学習では、具体的な経験と抽象的な概念を結びつける思考が求められます。また、知識を応用して問題解決を試みたり、実社会の現実的な課題や他者との相互作用の中で学習への動機づけが高まったりする効果があります。

1.2 現場での経験と仮想的な経験

　経験学習は、現場での経験からの学習と仮想的な経験からの学習に分けることができます(井門 2002)。現場での経験からの学習は、学習者が学習対象となる現場に出かけて、その場を観察したり、ある役割を担当したりする学習です。現場での経験からの学習の例には、病院における実習や裁判の傍聴などがあります。病院における実習においては、患者さんに影響があるため大きな失敗は許されません。そのため、学習者には事前の十分な学習と真摯な行動が求められます。しかし、この責任の大きさこそが、統合的な学習を可能とし、知識のみならず専門的な技能や態度の育成を可能にします。

もう一つの経験学習は、仮想的な経験からの学習です。仮想的な状況を設定した中で学習するため、現場に出かける必要がなく教室内でも活用できます。仮想的な経験からの学習の例には、模擬裁判や貿易ゲームなどがあります。仮想的な状況であるため、安心して活動を進めることができ、失敗することもできます。ある特定の状況を何度も練習することで必要な技能を身につけることもできます。

教員養成や看護師養成などの職業人養成においては、模擬授業や学内実習などの仮想的な経験を通して必要な知識や技能を身につけて、教育実習や病院実習などの現場での経験へとつなげていきます。

1.3 経験を学びに変えるサイクル

人は経験から学ぶことができますが、経験そのものが知識を生み出したり技能や態度を形成したりするのではありません。同じ経験をしても、経験から学べる人と学べない人がいます。経験から学べる人は、具体的な経験を振り返ることで経験を学習にしています。

経験を学びに変えるサイクルとしては、コルブの経験学習モデルがよく知られています。このモデルでは、経験から深く学ぶためには経験を振り返ることが重要であり、さらに振り返りを通じて経験を抽象的な概念にすることが重要です (Kolb 1984)。この概念化は、経験したことについて「なぜそのような結果となったか」「どうすればよりよい結果が得られるか」を考え、それを教訓として一般化し、次の状況に活かすために行うものです。この①経験、②振り返り、③概念化、④実践というサイクルが経験学習モデルです。

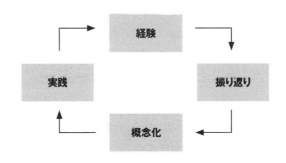

図4　経験学習のサイクル（出所　Kolb（1984）、p.21）

1.4　経験学習を設計する

経験学習には、教育実習や病院実習のようにカリキュラムに明確に位置づけられたものもありますが、ここでは教員個人のレベルで経験学習を取り入れる場面を考えてみましょう。授業の設計においては以下の三つの点が重要です（美馬と山内 2005）。

1｜活動の目標が明確である

学生が活動の意味を理解できることが重要です。教員はいろいろなことを学んでほしいという希望から複雑な設計をしがちですが、学生にとって経験することにどのような意味があるかを明確に説明できるようにします。どのような能力が身につくのか、その能力はどのように活かせるのかを説明するとよいでしょう。

2｜活動そのものにおもしろさがある

経験する活動そのものに、何らかの構造や文脈が埋め込まれている必要があります。「おもしろい」というのは「楽しい」という意味ではなく、新しい知識の獲得につながったり、卒業後の職業場面で直面する問題を解決するという知的なおもしろさを意味します。

3｜葛藤の要素が含まれている

葛藤が学習を生み出します。自分と他人の意見が異なるときに、その矛盾を解決するために学習を行う、自分が思っていた仮説ではうまくいかず修正を迫られたために学習するなど、認知的な葛藤状態をつくるように活動や体験を設計します。

2　ロールプレイを組み込む

2.1　ロールプレイの意義を理解する

ロールプレイ[p.172]は、現実の状況や架空の状況を設定し、学生に特定の役割を与えることで、その役割に合った発言や動作を即興で演じさせる経験学習です。役割演技法とも呼ばれます。ロールプレイは、役割に応じた発言や動作の内容そのものを目的にするものと、役割に応じた発言や動作を振り返ることを目的とするものに分かれます。

役割に応じた発言や動作の内容そのものを目的にするロールプレイは、語学教育でよく活用されます。レストランで注文する、市役所で手続きをする、といった定型的な会話を中心とする課題から、商談で価格交渉を行う役割を担う、従業員に契約の延長をしないことを告げるといった複雑で相手への配慮を必要とする会話を行う課題まであらゆるレベルにおいて導入しやすい技法です。基礎的な学習を終えた後の、発展的な学習の中で用いられる事例が多いようです。

役割に応じた発言や動作を振り返ることを目的とするロールプレイは、職業的な専門教育において活用されることがあります。いじめを受けた児童の相談に応じる担任教諭の役割、虐待が疑われる児童の保護者と面談を行う養護教諭の役割、津波対策工事をめぐる行政の都市計画担当者と港湾工学研究者の役割、民事裁判における裁判官、原告、被告の役割など、異なる立場に立つことで実際の場面の疑似体験を行う学習です。役割の疑似体験を通じて学生が獲得する学習成果は、次の通りです（向後と山本 2014）。

・自分と異なった個性や考え方をもつ立場についての理解を深める。
・相手の考えや感情の動きをとらえることの難しさを理解する。
・傾聴と共感の重要性を理解する。
・適切な質問の重要性を理解する。
・やりとりを通して状況が変化することを体験的に理解する。

これらは専門的な知識を活用する機会となるだけでなく、専門的な知識の活用が現実の社会や職業場面でどのような結果をもたらすかを理解する機会となります。

2.2 シナリオを作成する

ロールプレイは架空の役割を演じる経験から学ぶ技法ですが、表現が苦手な学生には合わないという短所があります。そのため、役割だけを与えて自由に発言するロールプレイでは、ほとんど発言できない学生が出てしまう場合があり、学習の機会とならないことがあります。こうしたロールプレイによる学習の学生間の差をなくし、多くの学生を参加しやすくする方法として、シナリオを用いたロールプレイがあります。

学生が最も参加しやすいシナリオは、複数の役割のうち一つの役割だけを学生が演じるものとし、その他の役割についての発言を固定するシナ

リオです。たとえば、医療面接の場合、医師と患者のうち患者の発言をあらかじめ用意しておき、医師役の学生のみに役割を演じさせる方法があります。模擬裁判においては、裁判官、検察官、被告人、弁護士の四つの役割のうち、裁判官と被告人、弁護士の発言をあらかじめ用意しておき、それらの発言を伏せた上で検察官役の学生のみに役割を演じさせる方法があります。役割を演じない学生は、役割を演じる学生の発言や行動を観察することによって学習します。この場合は、複数のシナリオを用意し、すべての学生が役割を演じる機会を設けます。

ロールプレイに慣れた学生の場合、役割を演じる主体を増やしていくことができます。その場合は、各主体に役割カードやロールカードと呼ばれる資料を渡し、どのような方針で発言するかの指示を出します。たとえば、中学校入学後、2学期から急に不登校になった生徒について、生徒、保護者、担任教諭の三者それぞれにどのような役割を果たすかをまとめた役割カードを渡し、役割を演じさせます。

2.3 ロールプレイの手順を理解する

ロールプレイには標準的な手順があります。ただし、実際には学習目標や内容によって変更してもよいでしょう。たとえば、事前準備の段階で、状況を説明した資料を配付し、登場する人物の背景や気持ちについて意見交換をするなどです。

1 | 事前準備

学生に役割を説明した資料を渡します。互いの指示を見せないように配慮します。また、模擬法廷や模擬診察室などの専用の教室がない場合、机やイスの配置を、できるだけ演じる状況に合わせて設置します。また、法衣や白衣といった演じるための道具もできるだけ現実の状況を再現できるように用意します。

2 | 目的の説明

教員は今から行うロールプレイで何を理解してもらいたいか、どのような技能を身につけてもらうかを説明します。また、観察者がいる場合は、どのような分析や評価をしてもらいたいかを説明します。

3 | 役割の決定

全員が異なる立場を経験できるように、役割分担を決めます。

4 | 資料の配付

全員にシナリオや背景資料を配付します。観察者にはすべてのシナリオを見せますが、役割を演じる学生には自分の役割に関すること以外のシナリオを伏せておきます。

5 | 役割演技の実施

実際に役割を演じさせます。終了時も明確にし、役割を解除します。

6 | 振り返り

役割を演じた学生と観察者は、感想や気づいたこと、うまくできたこととできなかったことなど、指示された評価の枠組みで考えたことを記述させ、それを発表させます。

2.4 ロールプレイの工夫

ロールプレイの手順において、最も重要なのは振り返りです。

振り返りとは、教員が各役割に対してうまくいかなかった点を指摘することではありません。経験した学生本人が概念をつくることが重要であり、教員の役割はそれを促すことです。そのためには、振り返りの場での発問と指示を明確に準備しておくことが重要です。

たとえば、役割を演じた学生に、「あの場面での発言はどのような根拠に基づくものですか？」「あの場面での発言は適切だったと思いますか？」などと振り返る問いを与えたり、また、観察者の学生に「あなたならどのように答えますか？」「あなたならどう演じますか？」と問いかけたりすることで、観察者の深い思考を促すことができます。

こうした振り返り学習を促すためにも、ロールプレイ中に記入するワークシートを準備することが有効です。ワークシートは、振り返りを促したい項目について気づいたことを記入するよう作成します。たとえば、観察者用のワークシートには、ロールプレイをする学生の視線、姿勢、表情、声の調子について気づいたことや、話し合いの中で鍵となる発言や態度についてメモする欄を設けます。ロールプレイをする学生には、ロールプレイ中には記述できないため、ロールプレイの終了直後に、工夫したこと、感じ

たこと、気づいたことなどを書き留めるワークシートを配付します。
　ロールプレイは、一つのシナリオについて5～15分で行うものが多いようです。シナリオを工夫することで時間の長さ調節できます。また、比較的短時間で行うことで、多くの学生が参加できるだけでなく、複数の役割を演じる機会をつくることができます。

多人数教室におけるロールプレイ

ロールプレイでは本来、全員が体験することが望ましいとされますが、多人数教室で、特に部屋の大きさも限られている場合には実施が難しいかもしれません。

　約100名の学生が受講するターミナルケアに関する授業科目の中で、代表者によるロールプレイに基づいた全体討論を実施している事例があります（庄司 2002）。

　この授業では、末期癌を受容できない患者のいらだちと不安が看護師への怒りとなる場面をシナリオにしています。患者、患者の夫、看護師の3名の登場人物がいます。3名を演じる学生は自薦他薦で割り当て、教室の前面のスペースでイスに座り、ワイヤレスマイクをそれぞれが持ち演じます。演じた後に、それぞれの演者に感想を述べてもらいます。その後、見ていた学生を交え全体で討論し、最後に教員とホスピスケア担当医師がコメントをします。

　この授業の感想文では、精神的ケアの重要性、その困難さ、ケアのための受容・共感・支持の重要性について、それぞれ7割以上の学生が言及しており、他者のロールプレイを観察し討議するだけでも態度教育の効果があることが明らかにされています。また、講義やビデオ見学よりもこの手法の方が効果的であることも合わせて報告されています。多人数教室においても工夫次第でロールプレイが活用できる事例と言えます。

3　フィールドワークを取り入れる

3.1　フィールドワークの長所を理解する

　フィールドワーク[p.174]は現地調査とも呼ばれ、調べようとする対象の現場

に身を置く経験を通じて一次資料を収集する研究方法の一つです（佐藤2002）。フィールドワークでは、資料やデータの収集に加えて、具体的な現場の問題と、文献や資料から得られる情報の関係を整理することで、問題そのものを深く理解したり構造を明らかにする作業も伴います。そのため、学生をフィールドワークに参加させることにより、問題解決だけではなく問題発見を行う経験が得られる点が長所です。

フィールドワークは、人類学や社会学などから地球科学や建築学などの自然科学分野まで、多くの専門領域で取り入れられている体験学習の方法です。具体的には、次のような例があります。

・高齢者が多い街、木造住宅が密集する街を歩く（まちづくりフィールドワーク）
・店主への聞き取りをする、店舗業種の偏り、商店街の環境、行政の政策などを調べる（商店街フィールドワーク）
・干拓地の生物相や景観を調べる（環境フィールドワーク）
・社会福祉士の活動に密着して福祉の課題を調べる（福祉フィールドワーク）
・地域で大規模災害時に3日分の寝食を確保するための課題を調べる（防災フィールドワーク）

3.2 フィールドワークの準備

経験学習の基本的なプロセスは、①経験、②振り返り、③概念化、④実践というサイクルであることを先に確認しました。フィールドワークでも、学生がこのプロセスで学習できるように準備を行います。たとえば、次のような授業の進行を考えます。

1 | 経験
フィールドで観察したり調査したりする、人との交流や活動を行う

2 | 振り返り
フィールドワークから数日以内に、日誌や記録を作成する

3 | 概念化
教室で他の学生や教員から日誌や記録に対するフィードバックを受け、

フィールドワークの成果や経験したことを言語化したり意味づけたりする

4｜実践
日誌や記録、または成果などをフィールド先へ提出する

　このプロセスが教育目標や到達目標と合致した学習活動となるよう、教員は、フィールドで行う作業や活動の指示、日誌や記録に記述する内容の指示やフォーマットの提示、教室内で議論するテーマや経験を理論化する文献の準備を行います。
　フィールドワークに必要な道具がある場合は、正しく動作するかを含めて、事前に点検や準備をしておきます。たとえば、地図、コンパス、双眼鏡、デジタルカメラ、ビデオカメラ、GPS、測定機器、ヘルメット、救急箱などです。必要な数量があるか、電池の交換は必要ないか、正しく動作するかなどを確認します。道具は、使用の目的と使用する場面や方法を指示することで、学生が学習の意図を理解したり、学習課題に集中したりできるようになるという効果があります。

3.3　学習の過程を記録させる
　経験学習のサイクルでは、経験を振り返る段階が重要です。フィールドでの経験を振り返るために、学生にフィールドで記録をとらせましょう。フィールドへ出る前に、教員が記録の大切さを伝え、どのように記録を行うかを指導します。
　どのようなフィールドワークでも、フィールドで記録すべきことは、本人が観察したことと考えたことの二つです。別の言葉では、客観的情報と主観的情報になります。記録をとる際には、観察したことと考えたことの二つの視点に分けたシートを用意するとよいでしょう。学習の過程を言語化させることで、学生が経験を振り返るための素材ができます。

3.4　フィールドワークに関わる人を大切にする
　フィールドワークには、学生を受け入れるフィールドが必要であり、授業の成否はそのフィールドと関わる人との関係で左右されます。フィールドの関係者には、授業開始前に授業の趣旨を説明し、授業中は学生の状況を報告し、授業後は学生の成果を報告するなど、継続的な働きかけをするようにします。

授業期間中は、定期的なミーティングを設けるとよいでしょう。その際は学生の行動に問題がないかなどの情報を受けるとともに、危機管理について確認する場とします。また、学生の作成した記録やレポートに対するフィードバックを求めることも有効です。フィールドの関係者に学生の指導者という役割を与えることは、関係者の主体的な関与を引き出すことにつながります。

フィールドワークに参加する学生とも、良好な関係をつくるようにします。学生がフィールドワークに関する不安や不満を感じていると、学習効果が高まらないだけでなく、安全管理に問題が生じたり、関係者に損害を与えたりすることもあります。フィールドワークの実施前や実施中は、すべての学生と定期的に話をするミーティングを設けるとよいでしょう。学生数が多い場合には、学生のグループ内で役割を設定し、グループリーダーからグループの状況について報告を受けるという方法もあります。

4 サービスラーニングを取り入れる

4.1 サービスラーニングの意義と種類を理解する

サービスラーニング[p.172]は、「社会の要請に対応した社会貢献活動に学生が実際に参加することを通じて、経験的に学習するとともに、社会に対する責任感などを養う教育方法」です（中央教育審議会 2002）。つまり、大学教育と社会貢献活動の統合を目指したものです。そのため、単にボランティアや地域サービスをすることはサービスラーニングとは言えず、そうした活動が特定の科目や専門領域と結びついている必要があります。具体的には、次のような例があります。

- 農山漁村地域での課題解決支援
- 小学校での外国人児童の日本語学習支援
- 福祉施設でのパソコン指導
- 地域の高齢者を対象とした防犯啓蒙活動への支援
- 花火大会などの地域活性化イベントの運営支援
- 地域情報誌の企画作成

サービスラーニングは、学生の知的な成長に加えて社会的成長を促進し

ます（コナリーとワッツ 2010）。地域社会の中で活動する中で、自分のできることや向いている仕事に気づいたり、他者への接し方や他者と協働する方法を身につけたり、仕事に必要な技能を学ぶ意欲が高まったりするなど、授業の目標以外の部分でも成長することが期待されます。

4.2　サービスラーニングの手順

　サービスラーニングを取り入れるには、教える専門分野が社会の中でどのように活かされているかを学ぶ教材研究が必要です。教師や医師など特定の職業人を育成する専門分野では、授業の内容とそれが社会の中で活かされる場面の関連性が把握しやすい一方、人文科学や社会科学の一部など、学生の進路が多様な専門分野では、この関連性が把握しにくいと言えます。そのため、専門知識が社会や職業場面の問題解決に役立っている事例を日常的に収集しておくとよいでしょう。学習内容が社会の中で活用される場面を特定した上で、社会貢献活動を行う場所を探すことになります。

　サービスラーニングを初めて取り入れる場合は、学外の団体と協力し、団体の活動に参加させてもらうことを勧めます。大学や教員独自の社会貢献活動を立ち上げることも意義あることですが、運営には多大な労力が求められるので、それはサービスラーニングに慣れてからでもよいでしょう。すでに活動の場がある団体に参加させてもらい、相手が十分に取り組めていない活動に協力するなど、互いに意義のある活動を探します。サービスラーニングを取り入れる標準的な手順は、次のようなものです（コナリーとワッツ 2010）。

1｜日常的な活動を振り返る

　自分が学外の団体などとどのような関係をもっているかを振り返ります。活動に参加したことのある団体、自分が会費を払っている団体などをリストアップします。

2｜サービスラーニングの目標を記述する

　学生に期待する成果を記述します。社会的な問題解決を目標とするのではなく、学生を主語とした授業の目標を記述します。

3 | 活動団体を特定する

団体に所属する場合は、学習目標に合致する活動ができる団体を決めます。そのために、候補となる団体の目的を理解し、通常どのような活動や業務を行っているかについて調査します。

4 | 団体と交渉する

相手方に面識者がいない場合、アポイントをとり実際に話をして活動を受け入れてもらうまで、時間がかかる場合があります。相手を理解し、相手の目的を誤解したり障害となったりしないよう、コミュニケーションをとります。

5 | プログラムを確定する

団体に参加して活動する内容を決めます。相手方の要望に基づきますが、教員は活動が学習内容を応用したり活用したりできるものかを確認し、十分でない場合は活動の変更を求めます。謝金の有無などもこの段階で決めます。

6 | オリエンテーションを行う

学生を受け入れてもらえることになったら、活動を始める前にオリエンテーションとして何度か学生を団体の活動に参加させるとよいでしょう。この段階で、相手方から特定の学生を受け入れないといった要望があれば対応することになります。

7 | 活動に従事させる

活動中は、学生に文書や画像による記録をつけることを求めます。

8 | 振り返らせる

実際の活動を通じて得られた経験を振り返り、意味づけや概念化の議論を行う場を設定します。このときに、学生を受け入れてくれた関係者にも振り返りの場に参加してもらい、直接フィードバックを得られるようにします。

4.3　学生の安全に配慮する

学生が学外で活動に従事することには危険が伴います。学外で活動を

させる前には、保険の加入状況を確認しておく必要があります。また、活動従事中や移動中の事故に加え、現場でのハラスメントなどもありえます。危険があると判断した場合は、活動を中止して学生を大学へ戻すことになります。

こうしたリスク管理においては、現場との緊密な情報交換が重要です。教員は頻繁に相手先を訪問して信頼関係を築いておく必要があります。また、伝染病の危険や災害の可能性などの情報にも日常的に目を通し、活動が安全に行える状況かを把握します。

4.4 サービスラーニングを工夫する

サービスラーニングの特徴は、活動自体にも大きな価値がある点です。学生が社会貢献活動を通じて感謝されたり失敗したりする経験が、学生の広い範囲の成長につながるとともに学習への動機づけにもなります。一方で、活動そのものが充実していると、学習という側面が軽視されるおそれがあります。そこで、行動の記録を行い、活動終了後の振り返りに活かせる工夫が必要です。

行動を記録する日誌として、「行ったこと」「気づいたこと」「うまくできなかったこと」「今後取り組みたいこと」など指定の項目について記述するフォーマットを用意します。紙に記述するのもよいですが、オンライン上の日誌に記述すれば、大学を離れている間でも教員からフィードバックを与えることができます。ただし、指導する学生が多い場合、全員の日誌に毎日フィードバックを与えることは難しいかもしれません。一部をTAに任せたり、3日ごとにフィードバックしたりする、という方法もあります。

また、活動期間中に大学へ戻る日を設け、中間発表を取り入れることも効果的です。事前の準備が困難である場合は、口頭のみの発表にしてもよいでしょう。学生は自分の活動を言語化し、他の学生と交換することで、経験を抽象化することができ、新たな思考を促します。また、活動がうまくできていない学生がいる場合は、受け入れ先と相談の上で活動を打ち切り、別の場所での活動に従事させるといった対応も求められます。そのような場合も、大学へ戻る日を設けておくと行いやすくなります。

13章

事例から学ばせる

1　事例を使って学習を促す

1.1　事例から学習することの意義

　多くの学生にとって、演繹的な説明よりも帰納的な説明の方が理解しやすいと言われます。抽象的な説明を重ねるよりも、例を一つ示したり、例題を一つ解かせてみたりする方が、学生がよく理解したという経験をもつ教員も多いでしょう。事例の活用は効果的な教授法の一つです。

　また、多くの大学は、知識の理解にとどまらず、その知識を効果的に活用できる人材育成を目的にしています。理解のレベルであれば講義による授業でも到達させることができますが、活用のレベルに到達できるよう講義で指導することは困難です。しかし、事例を用いた議論を授業に取り入れることで、専門知識を土台にした実践力の育成を促進できます。

　事例教材とは、職業場面や生活場面で直面する問題状況を描写したもので、その状況に置かれた場合にどのように対処するかを考えることで、問題発見力や問題解決力などの応用力や実践力の獲得が期待できる教育方法です。医療者教育や法曹教育などの職業場面から、税金、法律相談、育児、災害、科学技術リスクなどの生活場面まで、幅広い分野で活用可能な教育方法です。

　事例を使った学習は、実際の事例を用いるため、参加者の興味を引き出せる点が長所です。また、事例について議論を行うため、獲得した知識を応用して問題解決の提案を行ったり、複雑な問題を要素に分解して分析する力を育成したりできる点でもすぐれています。さらに、将来直面すると予想される問題について考えておくことができ、職業準備教育としてもすぐれていると言えます。

実習やフィールドワークなどの経験学習の場合、経験できる職場やフィールドの数に制約がある上、指導したいと考える問題状況が常に起こるとは限りません。しかし、事例を用いた授業では、教員が意図した内容と順序に沿って学生に職業上の課題について考える機会を与えることができます。体系的に問題状況に取り組める点が長所であり、体験学習の前の準備学習としても効果的です。

1.2　ざまざまな学問分野で活用されている

　事例を活用した授業は、法学教育から始まりました。実際の判例を用いて、どの法律がどのように解釈されて適用されたかを明らかにし、その是非や妥当性を議論することを通じて専門知識を活用する力を身につける学習です。

　法学教育の事例学習をいち早く取り入れたのはビジネス教育で、特に経営者教育の中で取り入れられました。経営上の実際の問題を想定し、どのような意思決定を行うかを議論する学習です。たとえば、上場企業に求められる組織的な制度の確立に対して社長が反対している状況で、株式の上場を担当していた役員がどのように仕事を進めるかについて意思決定する場面を議論します。ビジネス教育の事例では、結論が一つに定まるとは限らず、実際の結論を伏せたまま議論を行い、学生が多様な結論を出した後で実際の結論を紹介し、なぜ違いが生じたかを議論する場合もあります。

　ビジネス教育と並行して法学教育の例を取り入れたのは医学教育です。判例と同様に実際の症例を教材に使用しました。症例学習では、事例教材に段階を設けて、段階ごとに意思決定を行う例が多くみられます。たとえば、特定の主訴をもつ患者の面接場面を読み、どのような疾患が疑われるか、どのような検査を行うかを判断します。その後、検査結果の数値などの例と追加的な面接場面が示され、最終的な診断を行います。その上で、どのような治療や投薬を行うかといった治療計画を決定します。医療教育の高度化に伴い、現在では看護教育をはじめさまざまな医療専門職教育で事例を用いた授業が取り入れられています。

　教員養成や技術者教育などでも事例を用いた授業が多く取り入れられています。たとえば、教員養成では、朝学校に来たらある子どもの靴箱に「学校に来るな」と書かれた手紙が入っていたといった事例への対応を考える学習、技術者教育では、設計の手違いによって深刻な爆発事故を招いた事例から技術者と他部署の連携を考える学習などがあります。他にも心

理学、行政学、政治学、農学など多様な分野の教員が事例を活用した授業を行っています。多様な分野で活用されていますが、どの授業も事例について議論を行い、議論を通じて学ぶという点が共通しています。

1.3 事例を準備する

　授業で用いる事例を準備する方法は、二つあります。一つは、既存の事例教材を活用する方法で、もう一つは事例教材を作成する方法です。事例を用いた学習が多く取り入れられている分野では多数の事例教材が作成されており、一部は事例教材集としてまとめられています。事例教材集には、教員向けにティーチングノートが添付されているものもあり、事例の意図や学生の思考を促すための発問例が示されている場合があります。授業によっては、新聞記事、雑誌記事、ドキュメンタリー番組などが利用できる場合もあります。これらを参考に授業の予行演習を行うことで、事例を準備する手間を省くことができます。

　既存の教材では担当科目の到達目標と合致する授業ができない場合は、事例教材を独自に作成します。具体的には、社会的、職業的な課題に取り組んでいる人への面談や観察を行い、教員が事例を描写する方法や、そうした当事者の協力を得て事例を記述した文章を書いてもらう方法があります。学外の協力者がいないと困難な方法ですが、就職した卒業生や社会人経験のある学生なども協力者の候補となる可能性が高いので、後輩のために力を貸してほしいと声をかけてみましょう。

2　授業の中で事例を活用する

2.1　すぐれた事例の特徴を理解する

　事例は、書かれた内容について教えるためのものではなく、学生を議論に向かわせるための手段です。すぐれた事例かどうかを判断するためには、以下の3点について検討しましょう。

1 学生の問題意識を喚起する

　事例が学生の問題意識を喚起するものか、議論に駆り立てる原動力になるかを検討します（岡田と竹鼻編 2011）。特に意見が分かれる事例には矛盾や葛藤が含まれていることが多く、知的好奇心を呼び起こす可能性が高いで

す。また、その思考や判断に担当科目の専門知識が役に立ちそうかどうかという点にも注目します。さらに、多くの学生にとって将来直面しそうな問題であるかという点も重要です。

2 | 事例の状況が理解しやすい

学生にとって状況が理解しやすいものかどうかを確認します。読みやすい事例の特徴として、問題の状況が時系列で示されていること、問題が特定の人物の視点で示されていること、客観的な事実やデータと問題当事者の主観的な心情の両者が示されていることなどが挙げられます。

3 | 議論や判断をするために十分な情報が示されている

学生が議論や判断をするために十分な情報が示されていることを確認します。事例教材にはA4用紙で2ページ程度のものから20ページを超えるものまであります。

事例教材は長い方がよいという考えがあります。情報量が多い方が、問題の複雑さを学生に伝えることができ、より現実の社会的、職業的場面における状況に近づけることができます。単純すぎる事例では、判断や意思決定に必要な情報が不足し、実践的な学習とならないおそれがあります。また、問題を考える上で不必要な情報を意図的に入れることが、本質的な情報を取り出す訓練になるという考えもあります。

一方で、事例教材は短い方がよいという考えもあります。長い事例は状況の理解に時間がかかるため、授業時間中に読むことが困難であり、時間外の課題となることが多くなります。学生が多忙で十分な事前学習ができない場合、授業中の議論の質が下がるおそれがあります。また、短い事例であれば多くの事例を授業で取り上げることができます。

2.2 映像を活用する

事例は文章で示すだけでなく、映像で示すこともできます。たとえば、映画やドキュメンタリー番組の中で描かれる問題や意思決定場面を教材として活用する方法です。事例で描かれる問題の背景や複数の視点から見た問題を記述するには長い文章が必要で、学習にかかる時間も長くなります。しかし、映像であればそうした情報を短時間でまとめて提示することができ、問題に関係する人物の表情や葛藤も伝えることができます。文章による事例よりも、現実の問題を多面的に理解することができます。

しかし、事例教材となる映像は十分に蓄積されておらず、教員が既存の映画、ドキュメンタリー、テレビ番組などから事例となりうる箇所を探す手間がかかります。著作権法では、授業において使用することを目的とする場合には、教員が授業に必要な範囲を録画し、使用することが認められています。また、市販のDVDを購入し、授業で用いることも認められています。ただし、そのような録画した映像をコピーして配付し、授業時間外に視聴させることはできません。

2.3 事例で学ぶための準備をさせる

事例を用いた学習を効果的なものにするために、学生に事例で学ぶための準備をさせることも重要です。事例を分析するのに必要な知識を得るため、事前に文献を読む課題を出すようにしましょう。しかし、職業や生活に関する経験が十分にない学生は、教員が意図する事例の複雑さや分析すべき課題を十分に理解できない場合があるので注意しましょう。

また、事例で学んだ後の学習活動や評価方法をあらかじめ学生に示しておくことも、事例で学ぶ準備につながります。事例を分析するためのワークシートを用いる場合は、事前に配付しておきます。事例についての問題解決や提案を行う場合、レポート、プレゼンテーション、ポスター発表を取り入れることもできます。その場合は、過去の授業におけるすぐれた学習成果を例示しておけば、学生の準備学習を促進できます。

3 ケースメソッドを活用する

3.1 ケースメソッドの技法

ケースメソッド[p.173]は、具体的な事例を分析して自分なりの結論や意思決定を導く学習で、ビジネス教育や教員養成で活用されています。ケースメソッド授業は、学習した基礎理論や概念を、現実の場面で応用する学習で取り入れられることが多い教授法です（竹内 2010）。ケースメソッド授業では、6名前後のグループごとに議論を行う方法と、50名までのクラス全体で議論を行う方法があります。

クラス全体での議論を行う授業では、ディスカッションをリードする技法が重要です。なぜなら、ケースメソッドでは、知識を文脈に応じて活用する実践性が重視されるため、結論が必ずしも収束せず、個人ごとの持論の

形成を目指すことになるからです。

　ディスカッションは、学生が知識を応用する過程です。そこで、教員は学生の発言を否定しない、遮らない、待つ、耐える態度が求められます。発言は発言者の言葉をそのまま尊重し、特別に冗長な場合を除いて教員が言い換えたり意味づけしたりすることを避けます。教員が言い換えや意味づけを行うと、学生が教員の意図に沿った発言を探るようになり、学生が問題に向き合えなくなります。

　また、ディスカッションでは、3問程度の重要な論点となる発問を用意することが多いようです。1問目の発問では、事例の当事者の状態、何が起こっているか、なぜそう考えるかを問います。2問目の発問では、問題に対する対応策を優先順位とともに列挙したり、問題に対応したりするための条件、問題解決に有効な理論や原理を列挙することを求めます。3問目の発問では、問題への対応策を問います。

3.2　ケースメソッドの五つのプロセス

　ケースメソッドは、次の五つの段階で進めていくのが標準的なプロセスです。

1｜個人学習

　個人学習の段階です。クラス全体での議論を行う場合、授業時間内に事例を読む時間を十分にとることができません。また、分析型の学習では、多くの情報から本質的な情報を特定したり、問題を分類したりする思考を要求するため、事例自体が10ページ以上になる傾向があります。

2｜グループでの議論

　グループでの議論の段階です。クラス全体で議論を行うと、発言者が偏る場合があります。なぜなら、個人学習の成果をクラス全体に対して発言することに抵抗を感じる学生が少なくないためです。そこで、クラス全体の議論で発言しやすくするために、事前に少人数のグループ内で個人学習の結果を話し合う機会を設けます。授業時間外に学生だけ、あるいはTAとともに行えることが理想ですが、それが難しい場合は授業時間内に行うこともできます。

3 | クラス全体での事例の確認

　クラス全体での事例の確認の段階です。学生を指名して問題の概要を説明させたり、学生の自発的な発言によって事例で記述された事実や人物の葛藤を確認します。この段階では、全員にとって発言しやすい内容を扱います。そのため、いつも発言の少ない学生を指名しておくと、その後の議論で発言しやすい状態をつくることができます。

4 | 学生の発言を促す

　学生が議論を通じて考えたことをできるだけ多く引き出す段階です。事前に事例を読ませる場合、多くの学生は自分の考えをもって授業に参加します。しかし、授業中の議論を通じて思考し、気づいたことや発見したことが生まれます。教員はできるだけそうした意見を引き出すように配慮します。その際には、板書が有効です。事例の事実確認の段階から学生の発言を記録し、議論がどのような過程で進行しているかをわかりやすく提示します。これにより同じ意見を何度もしたり、生産性のない議論を展開する学生の意見を抑制させることができます。

5 | 議論のまとめ

　議論のまとめの段階です。教員が議論を振り返り、議論から得られた考えを統合してより一般的な知見としてまとめます。ただし、議論の過程と無関係に教員が事前に用意したコメントを述べることは、学生が強引な誘導であると感じ、反感をもつことにつながるおそれがあります。まとめは、授業中の発言の断片をまとめたり組み合わせたりして、ストーリーにすること、理論との結びつきを示すことがポイントです。

3.3　効果的な板書の方法

　ケースメソッドでは板書が重要です。学生の発言をできるだけ多く記録することで、学生は議論の過程を理解し、考えてから発言するようになります。そのため教員は、事例を通して考えてもらいたいことに学生が気づきやすくなるように、授業終了時の板書のイメージをもっておく必要があります。たとえば、どこに何を書くかをある程度決めておき、学生の発言をその場で分類し、発言が進むとともに構造化されたものとなるように準備します。

　板書をまとめる方法には、いくつかの方法があります。一つは、時系列

での構造化です。ホワイトボードの左から右へ向かって時間軸に沿ってイベントを記録する方法です。二つ目は、事例の登場人物による構造化です。事例では登場人物が直面する問題や葛藤が記述されます。学生の発言を登場人物ごとにまとめることで、対立や葛藤の背後にある問題をより深く考えることを促すことができます。

また、板書の内容が思考の過程や判断の根拠を中心としたものになるよう、学生が発言するごとに「なぜそう考えたのですか」「どこからそれは読み取れますか」といった理由や根拠を問うようにします。これによって板書の内容が学生の思考を促すヒントになるとともに、論理的な話し方を心がけようとする教室の雰囲気づくりにも役立ちます。

小学校の仲間はずれの問題に対応する

事例 教員養成では、ケースメソッドを活用した授業が多く見られます（岡田と竹鼻編 2011）。たとえば、次のような事例が用いられます。小学校6年生の女子児童の友人関係に関するもので、保護者からの連絡で担任がグループ内の仲間はずれに気づいたという内容です。内々に相談したという保護者に配慮して、担任がグループの児童にさりげなく話を聞いてみると、双方に言い分があるようです。しかし、担任の働きかけがきっかけで当該児童が大泣きして帰宅し、保護者が再び担任へ電話をしてきます。内々にという担任を信じたのにどうしてこうなったのかという保護者に対して、担任は双方の言い分を勘案して、当該児童にも問題があるかもしれないという話をしてしまいます。そして、保護者はこの対応に怒って電話を切ってしまうという展開が示されます。

ここでは、学級でありがちな問題に対して、子どもにどのような働きかけをすれば解決につながるか、および、いじめの訴えが保護者からあった際の対応で留意すべき点は何か、という2点を理解することが学習の目的です。この事例に対しては、学生に三つの課題を提示します。第一に、何が問題かをさまざまな角度から考えること、第二に、担任は今後どう対応すべきかを考えること、第三に、いじめを生まない学校づくりや円滑な人間関係を築くための具体的手立てを考えることです。第一の課題と第二の課題は、担任の対応を場面別や時系列で整理し、改善策を提示する成果を期待します。第三の課題は、授業の内外で得てきた児童のアセスメント、校内体制、保護者対応、教育相談など

の知識を活用して、改善策をまとめる成果を期待します。

4　PBLを活用する

4.1　PBLの技法

PBL（問題基盤型学習）^{p.173}は、具体例を分析して適切な問題解決方法を提案する学習で、医学教育や技術者教育で活用されています。PBLは、講義形式の授業の順序を逆にした特徴をもっています。一般的に、講義法では、講義を行った後で試験を行います。一方、試験問題を先に見せてその問題を解く上で必要な学習を議論を通じて行うのがPBLです。多くの授業で活用できる教授法であり、医学をはじめ物理学、生物学、化学、地学などの自然科学系分野での事例があります。また、問題を先に見せて解答に必要な学習内容を議論によって特定していくことから、自律的な学習方法を身につける学習としても効果的です。

PBLにおいて学習の鍵となるのは、適切な問題を教員が準備することです。PBLにおけるよい問題とは、学生が興味をもち学習の動機づけになるもの、学生間で多様な意見が出る程度に複雑なもの、既知の学習内容を思い出しながら自分に不足する知識を特定できるものです。

たとえば、物理学では交通事故の現場検証をする鑑識役として、スリップ痕や車の破損具合から裁判に必要な資料をつくる問題があります。生物学では、冬の不況期に売れる鮮やかな花の培養を検討している農家にアドバイスをする立場で、肥料やホルモン剤の使用量、あるいはアンチセンスRNAの使用の是非などを決める問題があります。

4.2　PBLの手順

PBLの標準的な手順は、次の通りです。まず、学習を始める前に問題事例が示されます。問題事例を読み、学生は6名前後のグループで事例の内容を確認し、既習の知識で答えられることと新たに学習が必要なことをリストアップします。学習項目を決めると各自でそれを学習し、学習結果を他の学生に報告します。学習したことを使えば問題事例で求められている問題解決が可能かを検討します。解決不可能であれば、追加で学習する項目をリストアップし、解決可能であれば解決案をまとめます。

PBLでは、新たに学習すべきことを学生だけで特定する必要がありま

すが、未習の事項について適切に学習内容を設定することは困難です。そのため、PBLではチューターと呼ばれる学習支援者を置く場合があります。特に医学教育では、グループごとにチューターをつける場合が多く、一つの授業にチューターが10名以上つく場合もあります。教員やTAから多くのチューターを集められない授業では、過去の履修生で優秀な学生をチューターとすることもできます。

4.3 PBLを効果的に実施するための工夫

　PBLでは、問題事例の質が学生の学習意欲を左右します。そのため教員には、知識を活用する場面を日常的に収集し教材化する力が求められます。しかし、初めてPBLを試みる場合は、既存の教材を改訂して使いたいと考えるでしょう。アメリカのデラウェア大学では、あらゆる分野で取り組まれたPBL教材をまとめて相互利用できるデータベースを開発しています。誰でも登録して利用できるため、このデータベースで問題事例を探してみてもよいでしょう。

　また、PBLでは、グループ内での役割を決めることで、学習が円滑になります。議論が脱線しないように進行役をつとめ全員が参加できる場づくりをするリーダー、議論の内容を記録する記録者、議論の結果をクラス全体へ報告する報告者を指名し、問題事例を変えるたびに役割を変えるようにします。

　PBLでは、問題に直面し必要な学習事項を決めた後で、個人学習の時間を設定します。多くの場合、1回目の授業が終わり2回目の授業にのぞむ前の授業時間外学習がこれにあたります。PBLに慣れていない学生は、学習内容が適切かを不安に思ったり、他の学生に説明できるほどの学習ができないといった問題に直面したりすることがあります。そこで、PBLの経験が浅い学生が多い場合は、自己学習のためのワークシートを作成するなど、学生の学習ガイドとなる資料を準備するとよいでしょう。

チャレンジャー号の爆発事故を通して学ばせる

事例　スペースシャトル・チャレンジャー号の爆発事故は、技術者倫理をはじめ、多くの分野のPBLにおいて頻繁に利用される事例です(黒田ほか2004)。打ち上げ直後に燃料漏れが原因の爆発事故を起こし、7名の乗員全員が死亡した残念な事故です。燃料をふさぐ部品が

適正に機能する温度よりも、打ち上げ日の気温が低かったために起こった、部品の不具合による事故だということが事故調査によりわかっています。また、この部品を製造した会社が低温時の問題を把握しており、打ち上げ中止を提案したにもかかわらず、NASAが打ち上げを強行したという事実が提示されます。つまり、この事例からは技術者と管理者の間のコミュニケーションや、管理者が実績づくりや予算削減のために技術的な問題を軽視する際に、技術者がどのような対応をすべきか、ということについて考えることができます。

　この事例では、事例内のやりとりから多くの反省点を引き出すこと、技術的な問題を軽視することを組織文化の問題として理解すること、技術者倫理では予防を重視することなどが学習の目的になります。そのために、教員は事例の問題点を自由に列挙した後に、学生のアルバイト経験や課外活動の経験から、複数の人がいる中で標準と異なる手順が習慣化している事例や、重要な情報が一部の人に集中したり、外部に伝わりにくかったりする事例を出すよう指示し、なぜそのようなことが起こるかを検討させます。そうした議論を通して、技術的な問題を軽視する組織文化に対して自分がどのような役割をもっているか、日常的な作業の中でどのような行動をするかをまとめることで、学習を終えます。

14章

授業に研究を取り入れる

1 大学教育における研究活動

1.1 フンボルト理念

　自分で問いを設定して、学問分野の方法に基づいてその答えを明らかにしていくという研究活動は、大学ならではの知的活動と言えます。アクティブラーニングにはさまざまな方法がありますが、読む、考える、議論する、調査する、実験する、書く、発表するなどの多様な学習を含む研究活動は、究極のアクティブラーニングと考えることができるでしょう。

　学生に研究を体験させることは、大学の長い歴史の中で当初から存在していた活動ではありません。中世に誕生した大学の教育は、職業教育もしくは教養教育でした。大学に研究を取り入れたのは、1810年に創設され近代大学のモデルとなったベルリン大学であると言われています（潮木 2008）。

　ベルリン大学の創設に関わったフンボルトは、「知識は未だに発見されていないもの、たえず研究されるべき対象として追究せよ」と主張し、大学における研究の重要性を示し、学生に対しても研究することを求めました（潮木 2007）。

　このような研究と教育を一体のものとして考える理念は、フンボルト理念と呼ばれます。現在の演習、実験、卒業研究は、フンボルト理念を大学のカリキュラムの中で具体化したものと言えます。

1.2 学生の準備状況

　学生に研究を体験させる際にまず理解しておくべきことは、学生が研究活動に対してどれだけ準備ができているかということです。

高校までのカリキュラムにおいては、以前よりも探究的な学習が重視されるようになっています。基礎的・基本的な知識や技能の習得とともに、知識や技能を活用する学習活動や探究活動が重視され、各教科の授業の中に取り入れられるようになっています。小学校から高校に導入されている総合的な学習の時間では、自ら課題を見つけて課題解決する力をつけることや探究活動に主体的に取り組むことが目標として挙げられています。

また、大学においても初年次セミナーなどの授業が開講され、情報収集の方法を習得したり、簡単な調査を実施したりした経験をもつ学生が増えてきています。

このような状況を考えると、学生は研究活動に対して一定の準備ができていると言えます。ただし、学生に研究を体験させる際には、受講する学生がどのような知識や技能を習得しているのかを実際に確認することが求められます。

1.3　学生に研究させる意義

学生は研究活動を経験することによって、大学の使命である研究活動のおもしろさと厳しさについて身をもって実感することができるでしょう。また、研究を体験することで、知識に対する立場が変わります。つまり、知識に対する受動的な消費者という立場から能動的な生産者という立場になるのです。

学生が研究を経験することで多くの効果がもたらされることが諸外国の調査によって明らかにされています。研究を体験することで、さまざまな能力を獲得できる、その後の学業成績が高まる、主体性が促進される、中途退学が減少し卒業率が高まる、キャリア意識が高まる、大学院への進学が促進されるなどの効果が確認されています（中井 2011）。

1.4　研究を教える意義

学生に研究させることは教員にとっても意義があります。授業において自分の研究活動の経験を直接的に活用することができます。また、若い学生に研究を経験させることで、教員自身がさまざまな刺激を得られる可能性もあります。そのため、優秀な学生に教員の研究プロジェクトの一部を担わせる例もあります。

教員にとっては、教育活動と研究活動がより統合することになります。一般的に大学教員は教育と研究の間のバランスをどのようにとるのかと

いう課題をもっています。特に、日本の教員は諸外国の教員と比較して研究志向が強く教育への関心が低いことが指摘されてきました(江原 1996)。しかし、学生を研究に参加させることで、教育と研究が相反するものではなく、より統合的なものに変わっていくのです。

1.5 いつから研究に関わらせるか

授業を受講する前に探究的な学習を経験していたとしても、学生は一人前の研究者ではありません。そのため、学生に研究をさせるためにはさまざまな工夫が必要です。

初めて学生が研究を体験するのは卒業研究だと考える人は多いかもしれません。確かに、大学における学習の集大成である卒業研究は、学士課程における最も本格的な研究活動と言えるでしょう。一方、研究活動を広くとらえれば、「○○実験」「○○実習」「○○調査法」「○○研究法」などの名称が掲げられている授業にも、研究に関連する学習が含まれていると言えるでしょう。また、そのような名称が授業名になくても、**フィールドワーク**p.174や**アンケート調査**p.174などのアクティブラーニングが取り入れられている授業にも研究に関連する学習が含まれていると言えます。

北米、ヨーロッパ、オーストラリアなどの大学教育改革の中では、最終年次で卒業研究として研究を体験させる状況から、初年次から最終年次までの広範囲のカリキュラムで研究活動を体験させる方向に向かっています(中井 2011)。このような学士課程教育における学生の研究体験はUndergraduate Researchという名称で呼ばれ、主に欧米の大学において研究を中心としたカリキュラムが積極的に推進されています。

2 授業に研究を取り入れる

研究を授業に取り入れるにはどのような方法があるのでしょうか。学生に研究を実際に体験させる以外にもさまざまな方法があります。それらの中には、研究の動向や方法についての学習も含まれ、実際に研究を体験させるための重要な基盤となります。

2.1 最新の研究成果を伝える

どの授業でも取り入れられる代表的な方法は、最新の研究成果を伝える

というものです。授業に関連する学問分野で現在どのような研究がされているのかを学生に伝えることです。最新の研究成果を伝えることによって、学問が発展していることを学生に実感させることができるでしょう。最新の研究を紹介する新聞記事やテレビ番組も関心を集めることができます。ただし、最新の研究成果の中には十分に検証されていない知識も含まれるため、知識に対する議論の状況なども同時に伝える必要があります。

2.2 知識の生成の過程を理解させる

確定した知識を伝えることは重要ですが、どのような研究の過程でその知識が産み出されたのかを伝えることも同様に重要です。教員にとっては当たり前のことかもしれませんが、ある学問分野の知識が生成されるには、それに関わる多数の研究者の試行錯誤の歴史があります。研究者がどのような問題意識をもち、どのような研究を進めて研究成果が得られたのかを、学生に伝えましょう。授業の内容に関連した科学史や研究者のエピソードを伝えるのも有効な方法です。

最も身近な例として、教員自身の研究を授業の内容と関連させて伝えることは効果的です。自分がどのような課題を抱えていたのか、そしてどのような方法で克服したのかを伝えましょう。また、関心のある学生に対しては研究室を見学させたり、協力者や被験者として研究の一部を体験させたりする教員もいます。

2.3 研究の方法を身につけさせる

実際に研究活動を進めるためには、研究の方法を身につけさせることが求められます。情報収集の方法、先行研究のレビュー、論文の書き方、研究倫理、発表の方法などの、いずれの分野にも共通するアカデミックスキルを習得させる必要があります。多くの大学では、初年次セミナーにおいて基礎的なアカデミックスキルを習得させたり、簡単な調査をさせレポートにまとめさせたりしています。

基礎的なアカデミックスキルがある程度習得された後は、学問分野に特有な研究の方法を身につけさせます。複数の研究の方法があれば、それぞれの方法の長所と短所も伝えましょう。

2.4 研究者の生き方や価値観を伝える

研究の方法だけでなく、研究者の生き方や価値観を伝えることも重要です。なぜ研究者が研究に没頭するのかという理由、つまり研究の魅力を伝えましょう。また、学問の自由、批判的思考、先人の研究者に対する尊重、研究倫理、多様性の尊重など、研究者が大切にしている価値観や姿勢も伝える必要があります。あるテーマに対して研究者だったらどのように考えるのかといった思考方法を伝えることも有効な方法です。

学生の中には将来研究者を目指す者もいるでしょう。研究者のキャリアとはどのようなものか、どのような日常を送っているのか、そしてどのようにすれば研究者になることができるのかも伝えましょう。

3 研究を体験させる際に検討すべき点

学生に研究を実際に体験させるにはさまざまな方法があります。カリキュラムの中における授業の目的、受講生の学年やすでに学習した内容、クラス規模などから適切な方法を選択する必要があります。ここでは、学生に研究を体験させる際に検討すべき点を紹介します。

3.1 学習プロセス重視か研究成果重視か

学生の研究体験には、学生の学習と専門分野における研究という二つの側面があります。両者のバランスをどのようにとるのかを検討した上で実践することが重要です。

たとえ専門分野に貢献する水準に達しない活動であっても、学生個人の学習や成長に大きな意味をもつ場合があります。学士課程教育の一部である限り、学生自身の研究成果よりも学習プロセスを重視する考え方もあるでしょう。

一方、学生の研究成果を重視するならば、実際の研究と同様に専門分野のコミュニティに対して研究成果を発表し、可能であれば査読を受けて論文として掲載することを目指す考え方もあります。

3.2 学生主導か教員主導か

学生の研究体験をどの程度学生主導で進めることができるのかも検討すべきことです。教員がどのように学生の研究活動に関わるかという課題

と言い換えることもできます。

学生が自分の興味に沿って研究を実施し、必要に応じて教員に助言を求めるという活動は、研究という側面からは理想的な形態かもしれません。しかし、多くの学士課程の学生にとって、それは容易なことではありません。学生の研究の進捗状況を把握し、研究がうまく進んでいない場合には教員が適切に介入する必要があります。

教員がある程度計画した研究活動に学生が参加し、教員の指導のもとに研究を遂行していくという方法があります。研究のテーマのみを教員が与えたり、研究の方法のみを教員が指定したりする方法もあります。ただし、過度に教員主導で学生の研究体験が進められると、教員の研究プロジェクトの一部をやらされていると学生は感じるようになります。

3.3　全員対象か希望者のみか

研究に参加させる対象を授業の受講者全員にするのか、それとも一部の学生にするのかも検討すべきことです。前者の場合は研究体験を授業時間の中に組み込むことができます。一方、後者の場合は授業の発展的学習として一部の優秀な学生に対する課題とするなどの工夫が必要です。

優秀で意欲の高い学生に限定すれば、教員が関与する時間も増加し、高い研究成果を期待することができます。アメリカの大学においては、そのような学生を対象にサマープログラムの一つとして研究体験を提供する場合もあります。

3.4　個人活動かグループ活動か

学生の研究体験をチームで協力的に進めていくのか、それとも個々の学生が自分自身で進めていくのかも検討すべきことです。

チームの中で研究活動を進める場合は、リーダーシップや協調性などの能力の育成も期待することができます。一方、個人で研究を進める場合は、研究に対する当事者意識や責任感を高めることができます。

グループ活動にするか個人活動にするかは、専門分野やクラス規模をふまえて検討すべきでしょう。自然科学分野は研究リーダーのもとでチームをつくって研究プロジェクトを進めていくことが多いようです。一方、人文学分野では個人で研究を進めていくことが多いようです。一度に多人数の学生を対象にする場合は、グループによる活動にすることで管理が容易になります。

高い意欲の低学年生に研究を体験させる取り組み

事例 東京大学生産技術研究所では、2001年の冬学期から、大学1年生および2年生を対象に、Undergraduate Research Opportunity Program（学部学生のための研究入門コース）という名称で、研究室の一員として研究を実際に体験させる授業を行っています（大島2005）。

この取り組みでは、先端研究について、講義を聴講するといった受動的な従来の形式ではなく、自ら実験や実習を通して実践的に学んでいくことが目指されます。学生は、生産技術研究所で行われている研究の中から興味のあるテーマを選択します。過去のテーマはホームページ上で公開されています。その後、希望する研究室の教員と面談を行い、受け入れの可否が決まります。受け入れが決まったら、研究室の一員として、設定した目的や計画のもとに研究を進めていきます。そして研究成果をまとめた報告書を提出し、研究発表会で報告します。成績は基本的に合否判定となっています。

生産技術研究所の実際の研究室に配属するという形式をとるため、卒業研究に似た形の指導が行われる点が特徴的と言えます。そして、その研究室のスタイルによって研究が進められます。学生は熱心に研究していることが報告されています。これまでの実績としては、毎学期6～10名が受講しており、学生の研究成果の中にはさまざまな学会やコンテストで賞を受賞しているものもあります。

この取り組みは、低学年であっても意欲の高い学生であれば研究活動が可能であることを示しています。また、意欲の高い学生が研究室に加わることで、研究室のメンバーにもよい影響を与えることも報告されています。

4　研究成果を発表させる

どのように学生に研究させるのかだけでなく、どのように研究成果を発表させるのかも教員は事前に考えておく必要があります。ここでは研究成果を発表させる際に検討すべきことを紹介します。

4.1　査読のプロセスを加える

　学士課程の学生の研究成果に対して査読を行うということに違和感を抱く方もいるかもしれません。しかし、多くの学生は知識がどのように確立していくのかを正しく理解していないものです。査読というプロセスを経験させることで、知識が専門家集団の中でどのように確立していくのかを理解させることができます。

　簡単な形でもよいので学生が執筆した論文に対して査読の機会を与えましょう。査読者としては、教員だけでなく上級生や大学院生に協力を依頼することもできます。最終的に論文集などの形にまとめる場合には、査読と著者の修正プロセスの期間も考慮して、余裕のあるスケジュールを立てましょう。

　また、学生自身に査読を体験させることも有効な方法です。学生に論文を批判的に読ませることで、論文を評価する際の視点を豊かにすることができます(市川 2001)。

4.2　全員に発表の機会を与える

　学生が多量のエネルギーと時間をかけた研究の成果を発表する機会を与えることは重要です。研究の成果が執筆した学生と担当教員にしか読まれないとしたら残念なことです。

　授業時間の中で学生に研究成果を発表させるには工夫が必要です。それぞれの学生に発表させたくても、受講者数が多いため発表の時間が十分にとれないという問題があります。

　そのような場合には、**ポスターセッション**[p.174]を活用してみましょう。ポスターセッションとは、発表者がポスターを作成して、ポスターの前で研究成果を報告するという方法です。この形式では、同時に多数の発表者が報告することができます。また、多人数を対象に報告する形式ではないため、学生はそれほど緊張せずに報告できます。受講生をいくつかのグループに分けて、発表者と聴衆を順に変えていくとよいでしょう。発表と質疑応答を繰り返すことで、プレゼンテーション能力を向上させることにもなります。

　学生の発表に外部者を参加させるという方法も効果的です。その授業の時間だけ学外者に公開したり、研究の内容に関連する上級生や大学院生を招待したりしてもよいでしょう。特定の地域の課題の問題解決を目指す研究を行った場合には、研究対象に関わる関係者に入ってもらうこともあ

ります。

4.3 コンテストや学会に挑戦させる

　授業に研究体験を取り入れる場合、コンテストや学会に挑戦させるという方法もあります。名古屋大学や慶應義塾大学などのように論文コンテストを開催する大学もあります。大学の中でコンテストがなくても、行政機関や民間企業をはじめとして学外のさまざまな機関で学生の論文や発表を募集するイベントが開催されています。学生の研究の内容に合ったイベントがあれば、学生に挑戦させることを検討してみましょう。過去に表彰された論文が公開されている場合もあり、それらは学生が研究を進める上で具体的なモデルとなるでしょう。

　学生に学会に参加させて研究成果を発表させるという事例もあります。学会の中には学生に限定したセッションを設けたり、学生優秀発表賞などの表彰制度をもっていたりするものもあります。欧米では、学士課程の学生のみが発表できるセッションを設けている学会も多数みられます。

4.4 学生の研究成果を公開する

　学生の学習成果を公開することも検討しましょう。学習成果を公開することでさまざまな効果が期待できます。まず、学生に対して一定の責任感を与えることができます。自分の名前で広く公開されることがわかると、恥ずかしいものは出せないという心理が働きます。また、公開された学習成果は、次年度以降の学生にとって身近で具体的なモデルとなるでしょう。

　学生の学習成果を公開するには、いくつかの方法があります。簡単な方法は、学生の論文を集めて論文集を発行するという方法です。論文集の作成は学生に担当させることもできるでしょう。より広く公開する方法としては、ウェブサイトでの論文の公開があります。論文集そのものをウェブサイトで公開してもよいでしょう。

　学習成果を広く公開する際には注意も必要です。特に教員が気にすべきなのは、学生の論文の中に剽窃や不正、もしくは特定の人物に対して不快感を与える内容などが含まれていないかです。万一、外部者から指摘があれば、該当論文を削除するなど、適切に対応すべきでしょう。この点に関しては、日々の授業の中で研究倫理について理解させておくことが求められます。

15章

多人数授業における実践

1 多人数授業の課題を理解する

1.1 授業準備の重要性

　数人の学生を対象に教える際には、それぞれの学生の反応に合わせて発問の内容を変化させることができます。このように少人数授業では、柔軟に授業を進めていくことができますが、多人数の学生を対象とする場合には、資料配付一つにしても、少人数授業に比べて印刷や配付に時間がかかるため、授業に向けた入念な計画と準備が重要になります。

1.2 学生の学習意欲の維持

　一部の熱心な学生を除き、多くの学生は教員からの励ましや刺激など、学習への動機づけを必要としたり期待したりしているものです。学生の学習への動機づけには、一般的に、授業テーマへの興味、授業テーマの有用性、何かを達成することへの意欲、自信や自尊心など多くの要素が関係していると言われます (デイビス 2002)。しかし、すべての学生が同じような関心をもっているわけではないので、教員はさまざまな手段を用いながら学生の学習意欲を持続させるよう努力することが求められます。

　特に多人数授業では、集団による匿名性という問題があります。教員から個別に認識されない集団の中の一人に過ぎないと学生が考えると、授業に対する学生の帰属意識や責任感を低下させてしまいます。

1.3 教育方法の制限

　多人数授業では、学生数の多さや成績評価にかかる時間と手間、あるいは教室環境の問題などから、用いる教育方法も制限されます。多人数授業

においても、講義法であればマイクとスクリーンがあれば問題なく授業を進めることができます。

アクティブラーニングを導入する場合は、クラス規模を考慮に入れる必要があります。100名を超える授業においてクラス全体でディスカッションを行うことは容易ではありません。したがって、多人数授業でも実施が可能な教育方法を選択する必要があります。

1.4　評価とフィードバックの限界

教員からの的確な評価とフィードバックは、学習者の理解を促したり学習への意欲を喚起したりする上で欠かせません。しかし、多人数授業では、一人の教員がすべての学生に目を行き届かせ、十分にフィードバックを与えることには限界があります。たとえば、形成的評価が重要であるからといって、100名を超える授業で毎回小レポートを課して採点することは簡単なことではありません。ICTを効果的に活用するなど、さまざまな評価手法やフィードバックの方法に関する知識をもち、その使い方を知っておく必要もあるでしょう。

2　学生が参加しやすい学習環境をつくる

2.1　学生を一個人として見ようとする

多人数授業では、学生は自分の態度や行動があまり目立たず、教員にも気づかれていないと考えがちです。そのような思い込みが、私語や飲食、居眠り、遅刻や早退などの不適切な行動につながります。教員は、自分が教室内の状態を把握していることを学生に示すとともに、一人一人の学生に関心をもっていることを知らせる行動をとる必要があります。

たとえば早目に教室に到着し、入室してくる学生の様子を観察したり、すでに着席している学生に課題や授業について話しかけたりしてはどうでしょうか。また、授業の中ですぐれた課題を提出した学生を紹介したり、よい発言をした学生をほめたりすることも、学生を認めている姿勢を示す上で有効です。

2.2　ルールを明確にする

授業の中でグループ活動を行わせる場合、あらかじめルールを設定し、

学生にも周知徹底しておくことで、教室内が騒がしくなったり、決められた時間を超過して活動し続けたりするような問題を防ぐことができます。

たとえば、「グループで決められた場所に座る」「授業内容に関係のない私語をしない」「誰かが話すときは他のメンバーは黙って話を聞く」などのルールが考えられます。その他に有効なのは、「終了時間になったら教員が手をあげるので、それに気づいた学生も話をやめて手をあげる」というルールを定めておくことです。この方法で、クラス全体を比較的速やかに教員に注目させることができます。

2.3 タイムマネジメントを徹底する

アクティブラーニングは学生の活動が中心となるため、少人数のクラスであっても一つ一つの作業に時間がかかるものです。多人数のクラスであれば、作業時間が増えると考えて授業設計することが重要です。貴重な授業時間を無駄にしないためにも、また学生の集中力を保つためにも、ストップウォッチやタイマーなどを使って細かく時間管理をすることが推奨されます。パソコンや実物投影機を使ってスクリーン上にタイマーを提示しておくと、学生も時間を気にして行動するようになります。

グループ活動では、グループの中に時計係などを設定し、学生自身で時間管理をさせることも有効です。それにより、学生に主体的に活動しているという意識をもたせることもできますし、計画的に作業を進める訓練にもなります。

2.4 教室内を見回る

多人数授業で使用されるような大教室では、教室前方からは中央から後方にかけての席の状況はなかなか把握しにくいものです。学生の方でも、大勢の中の一人としての安心感や気の緩みから、私語や居眠りなどの行動に陥りがちになります。

授業中は、個人やグループの作業状況を把握するためにも、教員は教室内をできるだけ頻繁に歩き回ることが求められます。そうすることで、問題が生じているグループにも迅速に対応できますし、学生に「見られている」という緊張感を与えることにもつながります。TAがいれば、壁側に立っているだけでなく、歩いてもらうとよいでしょう。

2.5　ミニッツペーパーを活用する

　学生に、その日の授業で学んだことや疑問をまとめさせる方法として、**ミニッツペーパー** p.166 を書かせる方法があります。授業の最後にミニッツペーパー用のシートもしくは白紙を配付し、その時間に学んだことで最も重要なことや役立ったことなどを2〜3分で簡潔に書くよう指示します。解決していない疑問点などを書かせてもよいでしょう。

　このような作業は、学生が授業で学んだことを振り返って記憶に残したり、わからなかったことを明確にしたりすることを助けます。ミニッツペーパーは一般的には成績評価に含めませんが、回収し、目を通すことによって学生の学習状況を把握することができます。また、次回の授業の始めに、質問や疑問点に回答します。こうすることで、多人数でも双方向のやりとりを可能にします。

3　学生の参加度を少しずつ高める

3.1　アイスブレイクを導入する

　多人数のクラスでは、顔見知りではない学生が多くいるものです。まずは学生同士の緊張感をほぐすために会話のきっかけとなるような活動を取り入れることで、その後の話し合いがスムーズになります。しかし、多人数の場合はアイスブレイクに使える時間や教室環境に配慮する必要があります。また、初めは友人同士で近くに座っていることも多いので、座席を指定してもよいでしょう。

3.2　小さく始める

　多人数授業でアクティブラーニングを行う場合は、読んだり書いたりする作業は個人で行わせ、その後、周囲に座っている学生同士でペアをつくらせ、要点や感想について話し合わせたり、協力して問題を解かせたりするなど、個人や少人数での活動から始めるとよいでしょう。

　これにより、学生だけでなく教員も多人数でのアクティブラーニングに慣れていくことができますし、より大きなグループ活動などにも比較的スムーズに順応することが可能となります。また、読んだり書いたりする作業であらかじめ個人にしっかり考えさせておくことで、その後の話し合いも短時間で集中して行うことができます。

3.3　課題を与えておく

　学生が授業内でより深く考えたり、質の高い議論を行うには、あらかじめ必要な知識を収集し、考えをまとめたりしておく準備が必要です。授業時間外の学習を与えることで、講義にかかる時間も減らすことが可能となります。

　授業の理解に必要な情報を収集してレポートにまとめる予習を課したり、その日の学習をさらに深める復習を課したりしてみましょう。その際、学生が取り組んできた課題について、必ず授業内で確認する場面を設けることが大切です。学生同士でチェックをさせてもよいでしょう。

3.4　協同学習を取り入れる

　多人数授業においても、協同学習を取り入れることにより、学生が一方的に教員の話を聞く時間が少なくなり、より積極的に授業に取り組むことが促されます。また、学生は他の学生の多様な意見を聞くことで自分の意見を見直したり、考えを拡げたりすることができます。

　階段教室でグループワークをする場合には、下段の学生を後ろ向きで机に腰かけさせましょう。そうすることで、上段のイスに座る学生と目線が同じ高さになり、話し合いを進めやすくなります。

ワークシートと指示一覧で多人数の学習を支える

事例　ワークシートと指示一覧を活用して、250名を超える受講者を対象にアクティブラーニングを実践している事例があります（深井2014）。「メディアと社会」の授業では、学生が4〜6名のグループに分かれて、教員が提示した課題の解決案を考えます。15コマを、① 課題解決1次案を考える、② フィールドワークで調査する、③ フィールドワークで再調査する、④ 課題解決2次案を考える、という四つの段階で構成します。このような方法を、200名を超える講義科目で可能にするためのツールが、「ワークシート」と「レシピ（指示一覧）」です。

　教員は毎回の活動で埋めなければならない「ワークシート」を配付し、授業の終了時点で提出させます。教員は、このワークシートに目を通し、各グループの課題、やらなければならないことを全グループ分まとめた「レシピ」を作成し、次の授業で配付、説明します。他のグループのことについても知ることができることが、学生にとっては重要です。共通

の課題がわかり、課題解決において何が重要かを理解するためです。学生は再び「ワークシート」に修正案を書き、提出し、教員はまた「レシピ」を作成するという作業を繰り返します。また、授業中に教員から必要に応じて知識や事例を提供したり、うまくいっているグループについて紹介したりすることもあります。

この方法は、社会の課題解決をするためには多様な観点で物事を考えなければならないことに気づかせると同時に、解決案の立案能力を高めることができます。

なお、成績評価は教員が新たに出したテーマに対し1時間で課題解決提案論文を書かせています。

4 さまざまなリソースを活用する

4.1 授業の小道具を活用する

近年、アクティブラーニングを実施する教員を中心に、授業進行を助けるさまざまな小道具が開発、提案されています。表9は、多人数授業で役立つ小道具とその使い方です。

表9 多人数授業で役立つ小道具

小道具	一般的な使用方法
タイマー、ストップウォッチ	話し合いやミニッツペーパーの記入など、学生の作業時間の管理に用います。残り時間を適宜カウントすることで、作業が長引いたり、話し合いが間延びしたりすることを防ぎます。
卓上ベル	作業の開始や終了の合図、学生による発表の終了時間の合図などに用います。また、学生に注目させたいときにも効果的です。
○×カード	グループの代表者に持たせ、作業が終了したかどうかの合図に用います。また、クイズや質問に対してグループで話し合わせ、その回答をカードで示させることにより、学生は他のグループの状況を知ることができ、授業が活気づきます。格安ショップなどでも購入できます。
メッセージスタンプ	「よくできました」「もう少しがんばろう」などの簡単な言葉が入ったスタンプを準備し、レポートやミニッツペーパーに押印します。コメントを書く時間がない場合でも、スタンプで簡単なフィードバックを返すことができますし、ポートフォリオを作成させる際の資料管理にも役立ちます。学生の励みにもなるツールです。

出所　日本高等教育開発協会（2013）を参考に作成

4.2 ICTを活用する

コースマネジメントシステムは、教材や課題の配付、お知らせ、出席管理、テスト、掲示板などの機能を備えた総合的な学習管理ツールとして多くの大学で活用されています。これを使うことにより、多人数授業で手間とされている資料配付や小テストの採点、課題提出も容易になります。たとえば、事前にシステム上にある資料を読ませておくことで、授業ではディスカッションなどより発展的な活動を行うことができます。

また、掲示板やフォーラムといった機能を用いることでウェブサイト上での学習者相互の意見交換や情報共有が促進され、対面でのディスカッションを補完することにもつながります。さらに、小テストを行うことにより、学生はすぐに自身の解答に対するフィードバックを得ることができますし、教員も学生の学習状況を把握しやすくなります。

このようにICTを活用することは、多人数授業ではなかなか難しい個々の学習者の学習状況の把握やそれに対する細やかな指導、学習者と学習者や学習者と教員の双方向のコミュニケーションなどを助け、授業の活性化や効率化につながることが期待できます。しかし、これらはすべての学習者がウェブサイトにアクセスできる環境にあることが前提になるため、あらかじめシラバスにコースマネジメントシステムを活用することを記述しておき、学習者に準備させる時間的余裕を与えたり、最初の授業で活用方法について説明しましょう。利用できなかったために課題が提出できなかったというトラブルが起こることを未然に防ぎましょう。

100名を超える授業でコースマネジメントシステムを活用して**ディベート**p.162 を行っている事例があります(木野 2009)。授業におけるディベートでは直接意見を交わせなかった学生も、ウェブサイト上で引き続き授業内容に関するディスカッションを行うことができ、その内容はウェブサイト上に残るのでいつでも読み返せます。授業後の感想やコメント提出のほか、授業前のディスカッションのテーマに関する学生のニーズ把握や、各自が調べた資料の閲覧などにも効果的です。

4.3 視聴覚教材や実物教材を活用する

1│映画・ビデオ

多人数授業においては、視聴覚教材を有効に活用しましょう。映画やビデオなどの映像教材は、歴史的な出来事や人間の肉眼では見られないような事物や事象、言葉だけでは伝えきれないような経験などを視覚的に伝え

ることができ、学生の関心を高めたり学習意欲を刺激したりすることができます。限られた授業時間の中で用いる場合、その作品を見せる理由や、その作品から何を学んでほしいのかをあらかじめ学習者に伝えておくことで、学生にとっては映像をより集中して見ることにつながります。

作品全体を見せることも可能ですが、最も授業に関連ある部分のみを抽出して見せた方が、集中してくれるかもしれません。ワークシートやミニッツペーパーを配付し、感想やあらかじめ設定した質問に対する答えを視聴中や視聴後すぐに記入させることで、作品やテーマについて考えたことを残すことにつながります。

2 | 写真・スライド

写真やスライドは、講義内容の補足をしたり、学生の記憶を強化したり、ある事象や出来事の過程をより詳細に説明することなどに用いられ、学習者の関心を喚起したりすることにも有効です。多人数授業では、スライドは一斉に知識伝達をしたり、授業に関する指示をしたりする場合にも活用できます。ただし、自作のものでない写真や図などをスライドにして用いる場合は、出典について明記することが必要です。

投影にスクリーンを用いるためクラス内の照明を暗くしなければならない場合は、学生がノートをとれるか、後方の席の学生にも見えるかといったことに配慮しましょう。また居眠りを防止するために、時々照明を明るくしてペアワークを入れたりすることも考えておきます。

3 | 実物教材

実物教材は、実際の形を見せたり、ときには触らせたりすることなどにより、学習者の授業内容に関する理解を促進したりインパクトを与えたりすることができます。初等・中等教育などでは、模造の土器や人体模型、立体物などの教材が生徒の興味を促したり理解を進めるためによく用いられます。

多人数授業では、すべての学生に間近で見せたり触らせたりすることは時間的に難しく、また、破損が心配であったりするので、一部の学生に触らせて感想を言わせたり、ビデオカメラを使ってスクリーンに映し出したりするなどの工夫が考えられます。この際、前列の学生のみに体験させるのではなく、教員が立ち歩き、教室内のさまざまな座席の学生に体験してもらうようにします。

多人数授業でアクティブラーニングに取り組む橋本メソッド

事例　橋本メソッド (p.171) とは、学生の主体性を活かした授業形式に授業を転換するために橋本勝氏が開発した技法で、チーム制による討論型授業です (橋本2009)。

具体的には、授業の初回に授業のオリエンテーションとチーム編成を行い、第2回目は大学での学び方に関する講義をします。第3回目から第14回目までは、毎回提示されたテーマに沿って提出されたレジュメの完成度から2チームを選抜し、選ばれたチームによるプレゼンテーションと質疑応答を行います。そこでよりすぐれていると評価されたチームには成績評価に直結する加点をしていきます。課題を達成するためには、学生たちは授業外学習として、自分たちで選択したテーマについてチームで協力して調査と分析を進め、レジュメを作成しなくてはなりません。また、発表できる2チームに選抜された場合は、プレゼンテーションの準備も必要となります。第15回目は持ち込み自由な最終試験ですが、これは主張展開力に重点を置いた内容で行われます。

授業を行うポイントとして、橋本氏は次のことを指摘しています。第一は、「競争原理の積極的活用による相互集団教育力」で、学生たちの自然な競い合いとチームとしての結束力を引き出します。第二に、「ゲーム感覚の活用による自然な主体的学びの引き出し」で、点数稼ぎのための浅い学習や足の引っ張り合いなどを防ぐため、テーマの多様性であったり優劣を決定するための全員投票であったりと、場を盛り上げる多くの仕掛けが用意されています。第三に、「学生の取り組み意欲の自由度」です。学習意欲の高い学生を適正に評価する一方、それほど意欲の高くない学生であっても、ある程度の活動を行えば評価される仕組みが設けられています。橋本メソッドによる授業の適正規模は120～150人であり、50人を下回るとやや学習効果が下がるそうですが、アクティブラーニングを取り入れた授業は少人数が望ましいといった一般的な思い込みを覆す授業手法であると言えるかもしれません。

第4部

アクティブラーニング
のための資料

1 アクティブラーニングの技法

1.1 ディスカッションを導く技法

シンク・ペア・シェア
段階的に議論させる技法。文字通り、「考える」、「2人組」、「共有」の順序で議論させる。あるテーマについてまず1人で考えさせ、隣同士のペアでお互いの考えを共有し、さらに全体で共有する。教室全員の前で意見を述べるのには抵抗があっても、他者と共有した意見は述べやすくなるという効果をもつ。「書かせる」活動を加えた「ライト・ペア・シェア」、4人組での議論を加えた「シンク・ペア・スクエア・シェア」などの応用例もある。

ソクラテス式問答法
問いと答えを基本形にして展開される教授法。問いと答えによって相手が自力で答えにたどりつくことを目指す。古代ギリシャの哲学者ソクラテスにちなんで名づけられている。教員が学生に対して問いかけをし、学生に考えさせる。そして学生の回答に合わせて、教員は新たな問いかけを続ける。その際に、教員は学生の主張が深まるような問いかけをしていく。

バズ学習
小グループごとに議論させる技法。あるテーマについて6人のグループで6分間の議論を行った後、全体としての結論にまとめていく。6人と6分から、六・六法と呼ばれることもある。バズとは蜂の羽音のこと。思考の交流や意見の集約に効果がある。議論が円滑に進まない場合には、6人より少人数にする、グループごとにリーダーと記録係を決めさせる、などの工夫がある。

ディベート　【シート▶ p.183-184】
あるテーマについて異なる立場に分かれ、交互に立論、質疑応答、反論などを行う技法。チームに分かれて試合形式にする場合も多い。その場合は第三者として教員や学生がジャッジとなり、どちらの主張の方が説得力があったかを評価しフィードバックする。多様な汎用的技能を養うことができる。なお、試合では制限時間や役割分担の明確化など一定のルールを設けなければ、特定人物だけが話すことになり教育的でなくなる危険性がある。試合後、よかった点や改善策について振り返るため、異なる立場の意見を比較しながら自らの主張を書くレポートを課すとより効果的。

EQトーク
講義法と組み合わせたディスカッションの技法。講義中は教材の「重要だと感じた点」「驚きを感じた点」「覚えておきたいと思った点」などに「!」マークを、「疑問に感じた点」「反論したい点」「もっと知りたいと思った点」に「?」を書き入れることを指示する。討議の時間では「!」や「?」が付いているところについて意見交換し、理解を深める。議論に慣れていない学生にとっては参加しやすく、講義内容のより深い理解に結びつけることができる。

列討論
学生を1列に並ばせることから議論を始める技法。「死刑制度の廃止という提案に何％程度賛成か」などの問いを与え、学生が自分の考えに合わせて列をつくる。このとき、学生は「なぜその位置なのか」を説明することを求められるため、お互いの意見を聞きながら自分の立ち位置を探す。その後、列を二つにして意見を異にする向かい合った2人で議論することもできる。

ライティング・ディスカッション
紙をベースにして議論を展開していく技法。教員が出した課題に対する自分の意見を書いて、別の人と交換する。そこに書いてある意見に対して自分の意見を書いて、また別の人と交換する。これを何回か繰り返した後、手元にある紙に書いてある内容の中から興味深い発言を挙げ、できればそこに自分の意見も足して発表させる。時間はかかるが、自分の意見をなかなか発言できない学生が多い場合は有効である。

トランプ式討論
自分の意見をカードに書き、それをトランプカードのように扱って議論を進める技法。1人5枚程度書き、それをグループメンバー全員分まとめてシャッフルし、1人1枚ずつ配る。配られたカードに注目に値する意見が書いてある場合はそのまま持つ。もしそうでないカードや自分のカードを引いてしまった場合は、それを中央の山に戻しまた1枚引く。よいものが見つかるまでそれを続ける。全員が1枚を選んだら、全員で見せ合い、選んだ理由を述べながら、その中でベストなカードを選ぶ。それを全体での議論に活用する。ゲーム感覚でできるため、議論慣れしていない学生に向いている。

スイッチ・ディスカション
教室全体を議論に巻き込む技法。学生の意見が分かれるような3、4択程度の問題を教員が出す。1択につき席を二つ用意し、発言したい学生に座らせる。全員が一度は発言することを義務化し、発言したくなったら、座っている学生の肩を

叩く。肩を叩かれた学生は必ず交代しなければならない。学生の主体的な発言を促すことができ、教室全体で議論を共有できる。

ブレインストーミング
多様な意見やアイデアを出させる技法。質より量を重視する、否定しない、メモをとる、時間制限を設けるといったルールのもとに、教員が提示したテーマについての意見をグループで出させる。意見の数で競わせると盛り上がり、最も多くの意見を出したグループに実際に発表させることで、他のグループで出なかった意見を共有することができる。視点を広げる、論点を洗い出す、新しい発想を生み出すといった目的で活用できるが、意見の言いっぱなしで終わってしまう危険性があるため、出た意見をどのように活用するかがポイントになる。

ラウンドロビン
段階的に議論させる技法。個人で考えた後、グループで共有するが、その際1人あたりの時間を一定にし、順番に全員が意見を述べる。その後、クラス全体で話し合う。一巡だけでなく、二巡、三巡させ、より多くの意見やアイデアを集めることもできる。ブレインストーミングを平等に行うための技法と言える。

親和図法
出された意見を整理する技法。ブレインストーミングとセットで用いられることが多い。たくさんの意見を似たもの同士で分類し、分類名をつけ、分類ごとの関係性を明示することで、テーマの全体構造を明らかにするもの。視点を広げる、論点を洗い出す、新しい発想を生み出すといった目的で活用できる。ふせんや模造紙など小道具を活用すると進めやすくなる。

ポストアップ討議法
教員が用意したマトリクスを埋めるディスカッションの技法。縦軸と横軸の項目は教員が決めておき、学生はその交差するポイントについて議論し、合意した意見を記入していく。複雑なディスカッションが要求される際に、学生の議論が滞ることを防ぐ効果がある。大きめのパネルと、大きめのふせんを活用して、決定した内容が見えるようにすると効果的。

特派員
グループメンバーの1人だけを他のグループに派遣し、どのような議論が行われているのか情報交換をさせる技法。グループ内だけの固定観念にとらわれないようにするために、グループ間コミュニケーションを促すことを目的としている。

ワールドカフェ

グループ内の議論の成果を他のグループとの間でも共有する技法。グループ内で一定時間議論をした後、1人を除いた他のメンバーがそれぞれ別のグループの議論の成果を聞きに行く。また自分のグループでどのような議論があったかも伝える。そして一定時間議論した後に自分のグループに戻り、他のグループでどのような議論がなされていたかを共有し、自分たちの最終結論をまとめて全体に発表する。多様な考え方や価値観を知ることができるのが特徴。模造紙と1人1本のペンを用意し、自由に書きながら議論を進めるとよい。

フィッシュボウル

議論する学生と、その議論を観察する学生に分かれて議論を進行する技法。フィッシュボウルとは金魚鉢を指し、金魚鉢の金魚を眺めている様子に似ていることから名づけられた。一定時間経過後に、議論者と観察者を入れ替えて再議論したり、全体議論に広げることで、より深い議論が可能になる。議論の中身だけでなく、議論の過程についても学ぶことができるのが特徴。他のディスカッションと同様、事前知識がないと空疎な議論になりかねないため、講義の後、もしくは事前課題を課してから行うのが望ましい。

パネル・ディスカッション

受講生からパネリストを数名選び、教員がコーディネーター役となってパネル・ディスカッションを行う技法。あらかじめ、教員が与えたテーマで受講生全員に事前レポートを書かせて、その中から異なる立場で主張している学生を選ぶ。最初はパネリストが一定時間で主張を述べ、その後、パネリスト同士の質疑応答や反論の時間をとる。最後に教室全体からも意見を求める。その後、受講生全員に事後レポートを書かせることで、学生の考えを深めることができる。

ナンバリング・ディスカッション

誰もが発表者になる緊張感を与える技法。ディスカッションの前にグループメンバーに番号を振っておく。ディスカッション後、教員が無作為に番号を選び、各グループで選ばれた番号の者が発表をする。ディスカッションへの参加度合いを高める効果がある。グループ数があまりにも多い場合は、課題の回答方法を選択式にし、全グループ同時に発表させるといった工夫が考えられる。

LTD話し合い学習法

予習と構造化された議論によって成り立つ話し合いの技法。学生が課題について予習してきていることを前提として、「言葉の定義の理解」「筆者の主張の理解」「筆者の主張の理由や根拠の理解」「教材の内容と既知の知識との関連づけ」

「教材内容と自己との関連づけ」「教材に対する建設的な批判」「話し合いの振り返り」という流れで議論を進める。課題に対する丁寧な理解や思考スキルの獲得、コミュニケーションスキルの獲得などに効果がある。

発言チップ
ディスカッションへの全員参加を促す技法。最初に一定枚数のチップを学生一人一人が持ってディスカッションを始め、自分が話すたびにチップを手放す。すべてのチップを使い切ってしまったら、それ以降は他のメンバーがチップを使い切るまで質問以外してはいけない。平等な参加を可能にするため、議論慣れしてない学生がいる場合に有効である。

発言カード
全体の場での発言を促す技法。発言した学生に用紙を渡し、氏名や学籍番号を記入してもらい、授業後回収する。回収後、その学生に加点を加える。用紙を学生に渡す際は、発言への感謝や補足の言葉をつけ加えるとよい。どのような発言であったとしても授業への貢献として認めるというメッセージにもなり、学生が多く発言しづらい全体での議論を少しでも活発にする効果が期待できる。

1.2　書かせて思考を促す技法

ミニッツペーパー　【シート▶p.180】
授業終了時に学生にコメントを書かせる技法。最後にアウトプットすべきものがあるとあらかじめ学生に認識させることによって、授業中の集中力を維持することができる。また学生の理解度を測り、次の授業でフォローすべきポイントを明確にする。出席簿としても活用できる。

大福帳　【シート▶p.181】
授業終了時に学生にコメントを書かせる技法。大福帳は授業期間中を通じて同じ用紙を用いる点に特徴がある。学生が書いた内容に対し、教員からのコメントを書く欄が設けられることで、個々の学生との双方向のやりとりを紙上で実現できる。出席簿としても活用できる。

質問書方式
講義内容についての質問を書かせる技法。どういう質問なのか、なぜそのような質問をするのかといった質問の説明も書かせる。授業終了時に、教員は学生が質問と質問の説明を200字程度で書いた質問書を回収する。翌週、質問書の中から50問程度選び、その要約と回答を講義開始時に配付する。質問書は、成績評価の

対象としても活用できる。

ダイアログジャーナル
学生一人一人が決められたテーマに沿って書いた日誌をペアで交換し、お互いにコメントや提案、質問を書く技法。自分の考えを記録するだけでなく、自分以外の人の考えを知り、テーマに対する理解や思考がより深まることが期待される。自分が書いたものと、相手にコメントした内容とどちらも評価対象とすることで、誠実なコメントを促すことができる。授業中の活動としても、授業時間外の課題としても課すことができる。また、ウェブサイト上の決められたページに書き込んだり、テキストデータをやり取りしたり、メールを用いたりすることで、オンライン上での実施も可能となる。

リフレクティブ・ジャーナル（内省日誌交換法）
授業後、授業時にグループで行った対話について、自己の体験と関連させて分析した振り返りを書かせる技法。他のメンバーに言えなかったことや、感想なども記載してよい。書いたものは教員が回収し、グループごとにまとめて印刷したものを個人に渡す。このジャーナルに対してグループでコメントをつけ、さらに内省を促す。内省力を高める、他者理解を促進する、批判的思考態度を高める、協働的コミュニケーション能力を身につけるといった効果が期待できる。

キーワード・レポート
授業時間内に、段階的にレポートを書かせる技法。教員が提示したテーマについて、思いつくキーワードを個人で挙げさせる。このときふせんに書かせるなどして、1枚1点と点数化し評価に加味すると、より多くのキーワードが出る。それらのキーワードを分類し、並べ替えをさせることで、全体が構造化され、レポートの土台ができる。その後、挙げられたキーワードすべてを使ってレポートを書くよう指示する。満足なレポートが書けない学生が多い場合に有効である。

BRD（当日レポート方式）
レポートを書くことを目的として授業を進める技法。BRDはBrief Report of the Dayの略称である。教員は最初にレポートのテーマを発表し、学生は一定時間教科書などを参照してレポートの構想を考える。その後、他の学生の構想を聞いたり、教員の講義を聴いたりする時間をとる。そして最後にレポートを書く時間を与える。学生の集中力が増し、私語が減るといった効果がある。ただし説明時間が短くなるという課題がある。

ラウンドテーブル

アイデアを広げるために、グループのメンバーが順番にライティングを行う技法。与えられたテーマに対する回答を語句や短い文章で紙に書き、グループの次のメンバーに回していく。グループのメンバーが全員書いたら、また最初に書いた人に紙を戻し、設定した時間(10～20分)が終わるまで、何周か続ける。グループのメンバーは3～4人がよい。この技法の長所は、グループ内のメンバーが等しく活動に参加でき、さまざまな考え方に触れることができる点である。

ピア・エディティング

学生がペアとなり、お互いに作成した文書にコメントし合う技法。ルーブリックを用いるとより効果的である。ルーブリックがあいまいで評価が難しい場合は教員に質問をさせる。これにより教員と学生の双方向のやりとりも可能となり、評価を分ける微妙な違いや、複雑な問題についても理解が深まりやすくなる。同一ペアだけでなく、複数のペアでやりとりをすると、より多くの学びを得られることが多い。

コラボレイティブ・ライティング

複数の学生で、一つの原稿を書き上げる技法。レジュメ、レポート、雑誌、論文など制作物はさまざまだが、個人ではやり遂げることが困難な課題の場合に適している。ただし分担してつくられた制作物は全体としての統一感を失うことが多く、学生の学習量にも格差ができてしまうという欠点がある。協働する力や、難しい文章を作成するプロセスを学ぶ上では有効な方法である。

クリエイティブ・セッション

学習した内容を、歌、絵、模型、図解、紙芝居などにして発表する技法。学習した用語、情報、概念を用いて一つの制作物をつくる。アウトプットが文章のみであることは禁止する。グループで一つの制作物をつくり、それを他のグループに向けて発表する。学生の深い考察や、柔軟な発想をくみとることができる。できた制作物をもとに質疑応答をしたり、さらに議論を深めることも可能である。

1.3 学生を相互に学ばせる技法

ピア・インストラクション

教員が提示した課題について、学生同士で解答を考え出させる技法。まず教員が出した課題について学生個人で解答を考えさせた後、隣同士でお互いの解答とその理由について議論をさせ、最後に教員から正答を伝え解説する。意見が分か

れそうな問題を用意し、解答が異なる学生同士を組ませ、相手を説得するように促すといった工夫もある。クリッカーを活用する場合もある。

ペア・リーディング
2種類の文献を用意し、ペアで教え合う技法。学生は分担して文献を読み、その内容を要約して相手に伝える。読解力、要約力、説明力を合わせて身につけさせることができる。仲のよい友人同士では真剣に取り組まない可能性があるため、組み合わせに配慮する必要がある。また的確な要約を促すために、後から教員が解説するとよい。

ラーニングセル
事前課題をもとに、学生に質問を考えさせ、学生同士でその質問に答え合うことで学びを深める技法。学生レベルでの理解をもとにした対話がなされるため、学習意欲の向上や、より深い理解を促すことができる。「その理由について説明してください」「筆者の一番の主張は何でしょうか」など質問の例を事前に教員から提示すると、円滑に進めやすくなる。

グループテスト
教員が出すテストにグループでのぞませることで学びを深める技法。まずは個人でテストを受けるが、その直後にグループでもう一度同じ問題の解答を作成する。個人の得点とグループの得点の両方を考慮して成績に加味する。個人の努力とグループの協働の両立がよりよい結果を生み出す方法。ペアで行うこともできる。

アナリティック・チーム
学生がグループを組み、メンバーそれぞれが分析的思考方法に関わる役割を担当し、一つの課題にグループで取り組む技法。グループ活動に対して、メンバーの平等な参加を促すことができる。教員は課題や必要な教材を示すと同時に、学生を4～5人のグループにし、グループのメンバー一人一人に、要約、関連付け、提案、批判といった別の役割を与えたり、複数の観点を提示しそれぞれの観点で分析するようにしたりする。あるいは、グループのメンバーそれぞれに、一つのテーマに沿った別々の課題や教材を与えることもできる。各自の分析をグループ内で文書または口頭で報告し、それらを一つに統合して、グループごとに口頭発表や、パネル、ポスターなどの展示発表を行う。

ストラクチャード・プロブレム・ソルビング
学生に順序立てて問題を把握し、分析、解決していくことを学ばせる技法。まず、

学生にグループを組ませ、複雑な問題と、問題解決のプロセスを複数のステップに分割して示したものを与える。このとき、プロセスをチャートで示したり、各ステップを質問文で表したりすることで、手順に沿って問題解決が行われるようにする。解決までたどりついたら、その解決策だけでなくそこに至るプロセスも合わせてグループごとに発表させるとよい。

タップス
教員が与えた問題をペアで解き合う技法。ペアは先攻と後攻に分かれ、片方が解答するとき、もう片方は解答を導き出す支援はしても正答を言ってはいけない。制限時間終了後、教員が解答を示す。他者に解決を依存することを避け、1人で問題を解き切ることを大切にする方法。そのため、教員は学生が1人で解き切れるレベルの問題を提示する必要がある。

書評プレゼンテーション
自らが考えた書評を発表する技法。科目テーマに沿った課題図書リストから、自身の興味がある書籍を選び、事前に書評を考えさせる。全体、もしくはグループで発表し、その本に興味が湧いたか、発表はわかりやすかったかなどを評価する。読解力、表現力、学習意欲を高めることができる。「本の帯を作成する」といった課題にすることもできる。特定のルールに則って行う書評プレゼンテーションとして、ビブリオバトルという方法もある。

ジグソー法
メンバーごとに担当を決めて教え合う技法。ピースを合わせて全体を完成させるジグソーパズルが用語の由来。たとえば、学習内容を3分割し、それぞれを3人グループの1人が受けもつ。同じ担当となったメンバーで専門家グループをつくり学習する。専門家グループでの学習を持ち寄って、お互いに自分が学習した内容を紹介し合う。グループ内で自分のみが専門家になるため、他のメンバーに教える責任が生じる点が特徴である。

学生授業
特定テーマについて学生に授業をさせる技法。教えることを通じて学ぶ。テーマは教員が列挙したものから学生に選ばせる場合もあるが、学生自身に考えさせる場合もある。「他の学生の意欲を引き出すこと」といったルールや評価基準をつくることで、それぞれの学生グループが工夫をする。授業は最大でも60分までとし、残り30分は発表者以外の学生および教員からのフィードバックにあてる。

橋本メソッド

競争原理を盛り込んだプレゼンテーション型の授業技法。教員は複数のテーマを学生に提示し、学生にその中から二つのテーマを選ばせる。そのテーマについてレジュメをグループで作成し提出させる。その中からすぐれたレジュメを作成した二つのグループを教員が選び加点し、次の授業で発表させる。質疑応答もふまえて、よりすぐれた発表をしたグループにさらに加点する。シャトルカードと呼ばれる教員と学生のコミュニケーションを促すツールも活用される。学生の主体性や積極性を引き出し、調査分析力、質問力、表現力を高めることができる。

1.4 問題に取り組ませる技法

クイズ形式授業

講義の合間にクイズを取り入れる技法。○×やABCDなどの多肢選択式問題を用意し、学生全員に解答させる。学生の集中力を維持し、記憶力を高める効果がある。意外な正解をもつ問題を用意すると、学生の反応はよくなる。また手を挙げるのではなく、○×カードなどを使用したり、クリッカーを活用したりする事例もある。

復習テスト

授業の最初に前回の授業の復習テストを行う技法。○×で簡単に答えられるものや、選択肢問題を用意すると時間をあまりとらずに済む。学生の理解度に応じて授業を始めることができる。また学生も前回と今回の授業を結びつけて考えることができるため、理解をより深めることができる。提出させれば、出席簿の代わりとしても扱える。

再チャレンジ付小テスト

知識の完全な習得を目指す技法。授業中に小テストを行い、基準点に満たなかった学生は、翌週の授業の最初30分に再テストを受ける。基準点を満たした学生は、ご褒美として翌週は30分遅れて授業に参加することが許される。より確実に知識の習得を目指したい場合に有効な方法である。

間違い探し

教員があえて「間違い」を含んだ資料を配付し、どこが間違っているかを検討させる技法。個人でもペア、グループでも活用可能。単にどこが間違っているかだけでなく、どうすれば正しくなるかも検討させる。間違い1カ所につき1点、修正できればさらに1点など点数化し、競争させても盛り上がる。批判的にものごと

をとらえる力や、評価し修正する力を高めることができる。

虫食い問題
教員があえて「空欄」を複数つくった資料を配付し、学生にその解答を考えさせる技法。まずは学生に考えさせ、自分が何を理解し、何が理解できていないかに気づかせることで、学習の動機づけを図る。また教員も学生がどの程度理解しているかを測ることができる。前回の授業の復習などが効果的。時間がない場合は、課題として次回の授業に埋めたものを持ってこさせてもよい。

1.5　経験から学ばせる技法

ロールプレイ
自分たちが役割を演じることを通じて学ぶ技法。語学教育や、現場実習の代わりとして用いられることが多い。学生に役割を与え、実際に演技をしてもらう。必要な場合は役割ごとのシナリオを教員が用意することがある。ロールプレイの後、感じたことや考えたこと、シナリオの背景や、異なる状況ではどうなるかといった議論を通じてより深い理解を促すことができる。コミュニケーション能力の向上にも有効である。

サービスラーニング
社会貢献活動などを通じて学ぶ技法。「振り返り」と「互恵」がその中心概念で、教室を出て、実際に地域での貢献活動に参加し、その活動の中から学びを引き出す。活動するだけでなく、活動中や活動後に振り返りを丁寧にすることが重要である。サービスラーニングには、認知面や情意面における発達、市民性の獲得といった効果があることが明らかになっており、地域貢献などの大学の他の目的とも結びつきやすい。

1.6　事例から学ばせる技法

映像活用学習
ドキュメンタリーなど映像を活用して議論やグループ研究をする技法。ただ視聴させるだけでなく、事前に検討すべき課題をいくつか提示してから見せるとよい。鑑賞後は、気づいたことや感想について議論する。またドキュメンタリーに関する研究テーマをグループで決めさせ、それについて調べ、発表させることもできる。授業に対する学生の集中力を高め、理解を深める効果がある。議論や研究がしやすい映像教材を選び、すぐれた感想や発表は表彰するといった工夫がある。

ケースメソッド

現場が抱える問題を含んだ現実的なシナリオ（ケース）をもとに解決策を議論する技法。ケースは映像を用いる場合もある。問題の把握、分析、解決スキルの向上が期待できる。教員は議論の促進役として、何が原因と考えられるか、考えられる仮説を検証するためにはどうしたらよいか、どんな結論や助言が与えられるか、などについて問いかける。分析結果はまとめて発表させ、教員からフィードバックする。過去の事例については実際どうであったかを講義する。

PBL (Problem Based Learning)

問題基盤型学習は、社会で起こりうる現実的な問題をもとに学習し、問題の発見と解決策を検討するプロセスを通じて学ぶ技法。課題は事例シナリオが一般的だが、現場で体験した問題を扱う場合がある。学生は問題解決に必要な知識を書籍などから見つけ出し、解決策を策定し、発表する。複数の教員でグループごとに指導するチュートリアル型PBLもある。

TBL (Team Based Learning)

チーム基盤型学習は、100人を超えるクラスにおいてもPBL (Problem Based Learning) を行えるように設計された技法。PBLと比較してより強く教員が主導し、予習を提示し、個人に対して試験を課す。試験結果を即座にフィードバックし、応用課題に今度はチームで取り組ませる。

1.7 授業に研究を取り入れる技法

報道番組作成

気になったニュースについて、自分たちで調べ10分間の報道番組をつくらせる技法。グループで調べるニューステーマを決定し、新聞各紙やインターネット、書籍、論文などから情報を集めさせる。実際に10分間の報道番組のつもりで発表させ、その様子は録画する。録画映像は後日、各グループの振り返りで活用する。身近な問題に対する関心、調査力、協働力や伝達力を高める効果がある。教員のフィードバックにより批判的に考えることの大切さにも気づかせることができる。

ルポルタージュ作成

課題について、インタビューを実践し、その報告をまとめるプロセスから学ぶ技法。課題を設定し、調査し、報告するという一連のプロセスから、多様な学びを得ることができる。ただし質問項目の検討、取材対象の検討、取材依頼などさまざ

まな準備が必要となり、学生、教員ともに負担が大きい。取材対象者を両親や友人など身近な人に限定すると、リスクや負担を減らすことができる。グループで取り組ませることもできるが、その場合は役割分担を明確にする必要がある。

アンケート調査
テーマについて問いを立て、アンケート調査をさせる技法。教員が提示したテーマについて、自分たちで複数の問いを立て、実際にアンケート調査を行い、結果をレポートにまとめる。調査レポートの枠組みをあらかじめ与えることで学生自らの調査計画が立てやすくなる。またリスクが高い場合には、調査対象を同じ授業の受講生としてもよい。問題設定から調査、分析、結果の報告という一連の調査過程を学べると同時に、自ら探究することのおもしろさを実感することができる。

フィールドワーク
教室を出て現地で観察することから学びを得る技法。調査内容はレポートやプレゼンテーションとして報告させる。学習意欲を高め、現実と理論のつながりについて理解を深めることができる。現地でのトラブルが最大のリスクであるため、現地でのマナーやフィールド記録のつけ方などを事前に説明しておく必要がある。金銭面の負担という課題もある。

PBL（Project Based Learning）
大枠のテーマに沿って学生が自ら課題や目標を設定し、その解決や実現に向けて自ら計画し、実行する過程から学ぶ技法。問題基盤型学習（Problem Based Learning）とは異なる。学生の主体性が最大限尊重されること、現実の問題を扱うことが特徴。プロジェクトの評価は成果およびその過程に対して行う。教員はあくまでも学生が深い学びを得られるようにするためのサポート役である。知識の習得よりも、汎用的技能の向上に主眼が置かれることが多い。

ポスターセッション
同時多発的にプレゼンテーションを行う技法。1対多数の通常プレゼンテーションでは受動的学習になりかねないという弊害を防ぐことができる。ただし1人の教員がすべての発表にフィードバックを与えることが難しくなる。プレゼンテーションの際に、聞き手が、質問やコメントシートを相手に渡すことを義務化したり、発表後に学んだ点や改善点について振り返りをさせたりする工夫がある。

1.8 授業時間外の学習を促す技法

授業後レポート

授業で学んだことや議論したことをふまえてA4用紙1枚程度のレポートを書かせる技法。授業の内容を、自分の言葉で整理し直すことによって、一層深い理解を促すことができる。また、学生の理解度を測ることもできる。提出されたレポートは、できるだけ早くフィードバックすることが重要。ルーブリックなどを活用すると、より短時間で評価することができる。

授業前レポート

授業時間前にレポートを作成させる技法。授業後のレポートの即時フィードバックは難しいものである。そこで、次の授業に関する資料をあらかじめ配付し、その資料をもとに短いレポートを作成させ、当日の朝までに提出させる。正誤よりも、疑問点の記述を含めた課題への取り組みの状況を3段階程度で大まかに評価し返却する。学生の理解や関心を事前に理解して授業ができるため、学生にとっても納得感のある授業を展開することができる。

スクラップ作成

新聞のスクラップを作成させる技法。情報収集がインターネットに偏る中で、社会全体に自身の興味を向け、自身の興味のあるテーマについてより現実的な状況を理解させることができる。また新聞を読む、ニュースを見るといった習慣づくりのきっかけになる。新聞を購読していない学生もいるため、図書館の利用法も合わせて伝えるとよい。

反転授業

伝統的な授業と授業時間外学習の役割を入れ替えた技法。学生は受講前に講義の映像を見た上で授業に参加する。授業中は、問題を解いたり、学生同士での議論やプロジェクトを行う。知識の伝達量を減らさずにアクティブラーニングの技法を導入できる。理解の促進、学習意欲の向上、その他授業中に活用する学習法で身につくとされるさまざまな技能の習得が期待できる。

2　アイスブレイクの技法

2.1　人間関係の向上を目的とした技法

バースデイチェーン
身振り手振りだけで誕生日順に輪になる技法。まず、机やイスを移動させ、受講生が輪になって並ぶことができるスペースを教室内に確保する（教室内に十分なスペースがない場合は、廊下に1列になってもよい）。起点を示しながら、「声を出さずに1月1日生まれの人から3分以内で誕生日順に並ぶように」という指示を出す。40人くらいの授業であれば3分程度で輪になることができる。言葉でのコミュニケーションを取らないので、初対面で話しかけるのが苦手な人でも気楽に取り組める一方、お互いが積極的に身振り手振りを交わし、一つの輪になることで全体に一体感や達成感が生まれ、よい雰囲気がつくれる。またちょうどその日が誕生日の学生がいると自然と拍手が生まれ、温かい雰囲気になる。誕生日以外にも、学籍番号順や氏名の50音順などでもよい。バースデイリングとも呼ばれる。

三つ選んで自己紹介　【シート▶p.194】
決められたテーマから三つを選び、そのテーマをもとに学生が自己紹介を行う技法。学生が自己紹介で何を話したらよいか困らないように、あらかじめ15個のテーマを設定する。学生を4〜6人のグループに分け、15個のテーマが記された紙を配付する。その中から、自分が自己紹介で話しやすいテーマを三つ選ばせ、丸で囲ませる。選んだ三つのテーマがメンバーから見えるように紙を示しながら、三つについて1分で自己紹介させる。テーマの一つに「フリー」を設けておけば、自由に話したい学生にも配慮できる。

尋ね人
質問に該当する人を探し出す人探し技法。10〜20個の質問とその横に署名欄のある紙を配付する。質問は、学生の特徴（海外に行ったことがある、アルバイトをしている、ピアノが弾けるなど）か授業内容に関するもの（関連授業の○○をとったことがある人、授業テーマに関する書籍を持っている人など）のどちらかとする。10分間の中で、できるだけ多くのサインを集めるようにする。

他者紹介
ペアでの自己紹介とグループでの他己紹介の活動を通して交流を深める技法。まずは、ペアで3分間、5分間など時間を決めてお互いについてインタビューする。授業内容に関する項目をあらかじめ相手に聞く項目の一つとして設定する

とよい。次に4人グループになり、インタビューした相手のことを他のメンバーに紹介する。

2.2 授業内容に関連した技法

アタック25 【シート ▶ p.195】
受講生が相互に質問をする中で交流を深める技法。25個の質問が書かれた紙、回答欄、署名欄がある用紙を配付する。教員の合図のもと、学生は用紙を持ちながら質問をしていき、空欄を埋めていく。誰かが25人に質問して、空欄が埋まれば終了。25個の質問をそれぞれ違う人にする、1名に対して質問は1個限り、上から順に埋めていくというルールを明確にしておくことが重要。質問を25個ではなく、100個にしたバージョン(「トモダチ100人できるかな?」)もある。100個の質問を埋めていく場合は、誰かがすべて埋めるのを待つのではなく、あらかじめ制限時間を設けておくとよい。

○×クイズ
授業内容に関連した○×クイズを行い、授業内容への理解を深めるための技法。授業内容に関連する5～15の○×問題と解答用紙を準備する。学生をペアまたは小グループに分け、話し合いをもとに、説明が正しい場合は○、間違っている場合は×をマークさせる。その後、各グループがどちらの答えを選んだかを、理由とともに発表させる。教員は、各問題に対して○と解答したグループと、×と解答したグループの数を視覚的にわかるように示す。最後に教員が正解を提示してもよいし、学生に授業が進む中で答えがわかると伝え、正解を伝えなくてもよい。

課題整理
学生の意見を活用しながら、授業の目標や内容を学生に深く理解させるための技法。ペアまたは小グループで学生に授業で扱うべき問題(トピック、疑問、情報など)を考えさせ、それぞれの意見を発表させる。その後、学生の意見を活用しながら、教員が授業の目標と内容を説明する。学生の意見の中に内容として適切なものがあれば、授業内容に追加する。

概念地図作成
概念地図(コンセプトマップ)を用いて、授業の目標や内容を理解させるための技法。4～6人のグループとなり、講義名などから授業の中心となるキーワードや概念を考えさせ、配付した用紙の真ん中に書くよう指示する。その後、そのキー

ワードや概念から連想する単語、語句、疑問点を出させ、キーワードや概念との関係性を線や矢印でつなげながら用紙の中に書き込ませる。グループの代表者が、それぞれのグループが作成した概念地図について発表した後、教員が学生の発表を活用しながら授業の目標や内容を説明する。

テレビCM
授業テーマに関するテレビCMの作成を通して、授業内容への理解を深める技法。学生を6人以下のグループに分け、授業テーマに関する30秒のテレビCMを作成するように指示する。テレビCMの代わりに、パンフレットや新聞広告を作成させてもよいが、必ずキャッチコピーやスローガンを入れるように伝える。各グループに、それぞれが考えたテレビCMの基本的なコンセプトと概要を発表させる。もし、実際にパフォーマンスしたいグループがある場合は、教室の前方で行わせてもよい。

Youはなぜここに?
さまざまな受講理由を挙げ、学生の学習意欲を高める技法。学生に3分間で受講理由として思いつくものをできる限り多く紙に書かせる(理由の内容ではなく、数の多さが重要であると伝えるのがポイント)。4人グループになり、それぞれが挙げた理由を話し合う。すでに他のグループが発表した理由を出してはならないというルールのもと、各グループに順番に理由を一つずつ発表させ、2～3周させる。

社会が求めるスキル
社会が学生に求めている能力と学習内容を関連づけることで、学生の学習意欲を高める技法。学生を4～6人のグループに分け、学生が将来働きたい企業や組織が求めている能力を列挙させる。いくつかのグループの代表者がグループの中で出たスキルを発表し、全体でまとめる。学生が考えたスキルは、その後、授業の目標や授業で行う学習活動について説明するときに活用する。

2.3 授業の方針に関する技法

シラバスレビュー
シラバスを確認するための技法。学生を4～6人のグループに分け、授業方法や授業内容についての質問リストを作成させる。シラバスを配付した後、リストに挙げられている質問への答えがシラバスに記載されているかを確認させる。クラス全体で、学生がシラバスから答えを得られなかった質問について話し合う。

クラスルール

学生の意見をもとに授業のルールを決める技法。受講生の中から、他の学生にインタビューをしてくれる学生を募る。インタビューする学生は、10〜15分の間で教室内を回り、多くの学生に、「この授業の中で、どのような行動が役に立ち、どのような行動が役に立たないと思うか」を聞いて回る。その後、インタビューからわかったことをクラス全体に発表してもらう。発表内容を整理し、基本ルールを決める。

グループ・グラウンド・ルール 【シート▶p.196】

グループでの話し合いをもとに、グループ活動のルールを決める技法。学生を4〜6人のグループに分け、そのうちの1人を記録係とする。学生に、「どんな行動がグループのために役立つか」「どんな行動が役立たないか」について、それぞれ順番に発表させる。記録係は、「役に立つ」「役に立たない」の二つの欄がある紙に、グループのメンバーが発表したそれぞれの行動を記録していく。記録をもとに、グループ活動のための基本ルールのリストを作成する。

3　アクティブラーニングに活用できるシート

ミニッツペーパー

授業名	日付　　　年　月　日（　）　限
氏名	学部・学科
学籍番号	学年　　　年

質問1　今日の授業内容で重要だと考えた点を記してください。

質問2　今日の授業内容でよく理解できなかった点、疑問に思った点を記してください。

大福帳

学籍番号		授業名	
氏名	学部	学科	学年

日付	学生から教員へのコメント(授業内容等への意見や疑問)	教員からのコメント
第1回 月 日		
第2回 月 日		
第3回 月 日		
第4回 月 日		
第5回 月 日		
第6回 月 日		
第7回 月 日		
第8回 月 日		
第9回 月 日		
第10回 月 日		
第11回 月 日		
第12回 月 日		
第13回 月 日		
第14回 月 日		
第15回 月 日		

出所　織田(1991)、p.171を参考に作成

ディスカッション用シート

授業名

学籍番号　　　　　　　　日付　　　　　　　　年　　月　　日(　　)　限

氏名　　　　　学部　　　学科　　　専攻　　　コース　　　学年

Q1：問いに対する自分の考えを書きましょう

Q2：問いに対する他の人の意見や、ディスカッションで出された意見をメモしましょう

Q3：最終的な結論や、ディスカッションを通じて得られた知見をまとめましょう

Q4：ディスカッションを振り返りましょう（感想、自分の中での変化、学び、気づき、改善点など）

ディベート準備用ワークシート

授業名		日付　年　月　日(　)　限	
チーム名		担当教員名	
学籍番号	氏名(役割)	学籍番号	氏名(役割)
	(　　)		(　　)
	(　　)		(　　)
	(　　)		(　　)
	(　　)		(　　)

論題

肯定側	否定側
予想されるメリット	予想されるデメリット
メリットに関する証拠資料	デメリットに関する証拠資料
メリットに対して予想される質疑や反論	デメリットに対して予想される質疑や反論
肯定側が最も主張したいこと	否定側が最も主張したいこと

ディベート評価シート

授業名		
学籍番号	日付　　　年　　月　　日(　　)　　限	
氏名　　　　　　　学部	学科	学年
論題		

肯定側チーム名	否定側チーム名
【肯定側評点(合計　　　点)】	【否定側評点(合計　　　点)】
①主張のわかりやすさ(　1点　2点　3点　) ②主張の説得力(　1点　2点　3点　) ③メリットの強さ(　1点　2点　3点　) ④チームワーク(　1点　2点　3点　)	①主張のわかりやすさ(　1点　2点　3点　) ②主張の説得力(　1点　2点　3点　) ③メリットの強さ(　1点　2点　3点　) ④チームワーク(　1点　2点　3点　)
肯定側のよかった点	否定側のよかった点
肯定側へのアドバイス	否定側へのアドバイス

グループ活動報告シート

授業名		日付	年　月　日（　）限
チーム名		担当教員名	

学籍番号	氏名（リーダーに◎）	学籍番号	氏名（サブリーダーに○）

① 今日までにやってきたこと、できたこと

② 今日の授業メモ（できたこと、わかったこと、感想など）

③ 次回までにやってくること（役割分担も含めて）

グループワーク用自己評価シート

① 本日のグループワークから、あなたが学んだレッスン(教訓)は何でしょうか?

② 本日のグループワークを通して、自分自身について気づいたこと、発見したことは何でしょうか?

③ 本日のグループワークを通して、グループメンバーについて気づいたこと、発見したことは何でしょうか?

学籍番号　　　　　氏名　　　　　　　　　日付　　年　　月　　日(　　)

出所　佐藤編(2010)、p.141を参考に作成

グループワーク用ピア評価シート

評価者氏名(　　　　　　　　)　　　　　　　　　　　日付(　　　　　　　)

※5点満点で、評価してください
5点=強くそう思う、4点=まあまあそう思う、3点=普通、
2点=あまりそう思わない、1点=まったくそう思わない

		被評価者氏名			
	項目				
目標達成行動	① 課題(やるべきこと)に真剣に取り組んでいた				
	② 課題(やるべきこと)をしっかり理解していた				
	③ 自分の意見を積極的に主張していた				
	④ 与えられた役割をしっかり果たそうとしていた				
	⑤ 話題がそれたとき本題に戻そうとしていた				
	⑥ 妥協ではない納得した結論を出そうと努力していた				
集団維持行動	⑦ 相手の意見をしっかり聴き、理解しようとしていた				
	⑧ グループにとけこもうとしていた				
	⑨ つまらなそうな表情ではなく、笑顔でメンバーと接していた				
	⑩ 消極的なメンバーに声をかけていた				
	⑪ すぐれた意見に共感・同意・賛成を表明していた				
	⑫ 話し合いが楽しくなるように場を盛り上げていた				
合計点					
平均点(合計点を12で割る。小数点第2位を四捨五入して、第1位まで表示)					

出所　佐藤編(2010)、p.143を参考に作成

プレゼンテーション評価シート

(5=すぐれている、4=よい、3=普通、2=改善の余地あり、1=問題あり)

エントリー番号 氏名	①話の構成	②話の内容	③重要点の明確さ	④声の大きさ	⑤話す速さ	⑥声の明瞭さ	⑦間の取り方	⑧顔の表情	⑨視線の向け方	⑩身振り・手振り	よい点コメント	改善点コメント
エントリー No.1 (　　)												
エントリー No.2 (　　)												
エントリー No.3 (　　)												
エントリー No.4 (　　)												
エントリー No.5 (　　)												
エントリー No.6 (　　)												
エントリー No.7 (　　)												

*①話の構成＝順序よく内容が並べられていたか、理解しやすい流れになっていたか、概要提示や最後のまとめなどの工夫があったか
*②話の内容＝内容が興味をもてるものであったか、十分に調べられている感じがしたか、「なるほど」と思わせるような内容だったか
*③重要点の明確さ＝重要点をゆっくり大きな声で繰り返し主張していたか、重要であることを喚起するコメントがあったか
*⑦間の取り方＝学習者が内容を理解しやすいように、意味の切れ目で区切るなど、ダラダラと話し続けていなかったか

出所　佐藤編(2010)、p.137を参考に作成

プレゼンテーションのルーブリックシート

	すぐれています	もう少しです	改善の必要あり
声量	教室全体に声が届いており、最初から最後まで、内容がよく聞き取れる。	教室全体に声が届いているが、時々、内容が聞き取れないことがある。	発表全体を通して、教室全体に声が届かず、端では内容がよく聞き取れない。
視線	発表全体を通して、聴衆を見ている。	発表中に、聴衆を見ていないことが時々ある。	発表全体を通して、聴衆を見ていないことが多い。
内容	わかりやすい順序で内容が構成されており、聞き手が理解しやすい。ポイントも強調されている。	内容の順序については、改善の余地が若干あり、聞き手が理解しにくい部分がある。ポイントもやや不明瞭である。	わかりやすい順序で内容が構成されておらず、聞き手が理解に苦しむ。ポイントが不明瞭である。
熱意	やる気、人を動かす熱意も十分表現されている。	やる気がないわけではないが、人を動かすほどの熱意までは表現されていない。	やる気が表現されていない。淡々と発表をこなしているように見える。
ワーク	メンバー間でのコミュニケーションが十分にとれており、協力して発表を進めているように見える。メンバー全員から発表に対する熱意が感じられる。	メンバー間でのコミュニケーションがある程度とれており、協力して発表を進めているように見える。発表に対する熱意が感じられないメンバーがいる。	メンバー間でのコミュニケーションがとれておらず1人に任せきりにしている。もしくは1人が勝手に発表を進めているように見える。
質疑応答	質問を正確に理解しており、応答が的を射ている。応答は誠意のあるものになっており、やりとりが建設的である。	質問を正確に理解しているが、応答が的を射ていない。応答は誠意のあるものになっており、やりとりが建設的である。	質問を正確に理解していないために、応答が的を射ていない。応答が攻撃的であり、質問者や聞き手に不愉快な思いをさせている。
発表時間	発表時間は、規定時間内であり、ぎりぎりまで有効に時間を使っていた。	発表時間は、規定時間内であったが、若干早く終了した。	発表時間は、規定時間を過ぎた。もしくは大幅に早く終了した。

出所　佐藤編(2010)、p.136を参考に作成

レポートのルーブリックシート

	優秀	基準を満たしている	あと少しで基準を満たす	不可
創造性と独創性	洞察が独創的である。あるいは、特に人を引きつけるものがあり、この課題の基準を超えている。	課題の基準をすべて満たしている。	課題の基準をほとんど満たしている。	課題の基準を満たしていない。
議論の質	中心的議論が明確で、興味深く、実証可能である（すなわち、単なる意見ではなく証拠に基づいている）。レポートの主張は中心的議論に明確に沿ったものである。この科目の重要な考えを細部にわたりしっかり理解していることが議論と主張に表れている。	中心的議論が明確で実証可能である。レポートの主張は中心的論証に沿ったものである。この科目の重要な考えをしっかり理解していることが議論と主張に表れている。	中心的議論は実証可能であるが、明確ではないところがある。レポートの主張の中に、中心的議論に明確に沿っていないところがわずかにある。この科目の重要な考えをある程度理解していることが議論と主張に表れている。	中心的議論が不明瞭である、あるいは実証できない。レポートの主張は中心的議論に沿っていない。この科目の重要な考えをあまり理解していないことが議論と主張に表れている。
証拠	用いられている証拠が具体的で内容が濃く、多様であり、主張を明確に裏づけている。引用と図版が効果的に組み立てられ、本文中で適切に説明されている。	用いられている証拠は主張を裏づけている。引用と図版がある程度効果的に組み立てられ、本文中で適切に説明されている。	用いられている証拠には主張の裏づけになっていない部分がある。引用と図版の中に、組み立てが効果的ではない、あるいは本文中で適切に説明されていないものがある。	用いられている証拠がほとんど主張の裏づけになっていない。引用と例示のほとんどが、組み立てが効果的ではない、あるいは本文中で適切に説明されていない。
構造	読者を導く強力なトピックセンテンスがあり、終始考えに一貫性があり論理的に提示されている。読者は議論の構造を容易に理解することができる。	読者は議論の構造を少し努力すれば理解することができる。	読者は議論の構造を常に理解できるわけではない。	読者は議論の構造を理解できない。
明瞭さ	文章が簡潔で非常によく練られており、語彙が正確であるため、読者は容易に意味を読み取ることができる。	読者は少しの努力で意味を読み取ることができる。	読者は常に容易に意味を読み取ることができるわけではない。	読者は容易に意味を読み取ることができない。
技巧	綴り、句読点、文法に目立った間違いが全くなく、引用文がすべて正しく引用されている。	綴り、句読点、文法に目立った間違いが少なく、引用文がすべて正しく引用されている。	綴り、句読点、文法に目立つ間違いがあり、引用文が正しく引用されていない箇所がある。	綴り、句読点、文法に重大な目立った間違いがあり、引用文が正しく引用されていない。

アンブローズほか（2014）、pp.226-227を参考に作成

実験レポートのルーブリックシート

	模範的	許容可能	改善を期待
材料・器具	必要な物品がすべてそろっており、それらが漏れなく実験レポートに記録された。用意された物品は実験で使用するのに適切なものである。物品を無駄に使用することはなかった。	必要な物品はすべてそろっていたが、レポートに記録されていない品目がある。または、一部の物品が用意されておらず、実験中に用意した。用意された物品は実験で使用するのに適切なものである。	必要な物品の一部が準備されていなかったり、レポートへの記載が漏れていたりする。用意された物品が実験で使用するのに適切と言えないか重大な欠落がある。
実験手順	実験手順はよく練られたもので、選択されたすべての変数について対照実験を行った。実験手順のすべての段階がレポートに記載されている。	実験手順には改善の余地があるが、選択されたすべての変数について対照実験を行った。手順のほとんどの段階がレポートに記載されている。	選択されたすべての変数について対照実験を行っていない。手順のうち多くの段階がレポートに記載されていない。
安全	整然と実験を進行し、周囲への配慮を怠らなかった。安全にも配慮し、後片付けや清掃をしっかり行った。	概ね整然と実験を進行した。十分ではないが、周囲への気配りや安全への配慮があった。指摘を受けると後片付けや清掃を行った。	雑然と実験を行い、周囲への気配りや安全への配慮がなかった。後片付けや清掃が指摘されても十分に行われなかった。
実験目的	研究課題と仮説が明確に述べられ、両者の関係も明確である。変数が選択されている。	研究課題と仮説が述べられているが、いずれかまたは両方が不明確である、あるいは両者の関係が不明確である。変数が選択されている。	研究課題と仮説が明確に述べられていない。また、両者の関係が不明確か欠如している。変数が選択されていない。
データ収集	未加工データが単位とともに適切な方法で明確に記録されている。データ表に表題がつけられている。	未加工データが単位とともに記録されているが、適切さや明確さに問題がある。データ表に表題がつけられている。	単位を含め、未加工データの記録は不適切か不明確である。データ表に表題がつけられていない。
データ分析	データは図表やグラフで提示され、理解や解釈が容易になるよう工夫されている。エラー分析がなされている。	データは図表やグラフで提示されている。その理解や解釈は可能であるが、改善の余地がある。エラー分析がなされている。	図表やグラフによるデータの提示が非常に不明確である。エラー分析がなされていない。
実験の評価	実験結果は分析・解釈され、文献値とも照合されている。この方法による限界や弱点が考察され、改良方法が提案されている。	実験結果は分析・解釈され、文献値とも照合されているが、改善の余地がある。この方法による限界や弱点が考察されているが、改良方法が提案されていない。	実験結果の論理的な分析・解釈がなされていない。または、文献値と照合されていない。この方法による限界や弱点の考察がなく、改良方法が提案されていない。

出所　スティーブンスとレビ（2014）、p.100を参考に作成

経験学習用シート

活動日誌

学部・学科　　　　　　　　　　　　　　　　　　　月　　日(　　)

学籍番号　　　　　　　　　　氏名

日程(時間)	そのとき体験したこと(主な出来事、自分の言動や気持ち、他者の動きなど)	今振り返ってみて感じること、気づくこと

1日を振り返って／私の学びは	次回に向けて／私の課題は

出所　グラバアほか(2013)、pp.1-21を参考に作成

研究計画作成シート

授業名

学籍番号 | 教員名

氏名　　　　　学部　　　　　学科　　　　　学年

研究テーマ(研究テーマを選択した理由や、選択のきっかけ)

問題意識(研究テーマに関する社会的な意義)

先行研究(テーマに関する主な書籍や論文など)

課題設定(先行研究で明らかになっていないこと／明らかにしたい具体的な問い)

研究方法(文献を集める／アンケートをとる／インタビューする／現場で観察するなど)

期待される研究結果(実際に研究してみて明らかになること)

4 アイスブレイクに活用できるシート

三つ選んで自己紹介

頑張ったこと	将来の夢	バイト	嫌いな食べ物	家族
好きな授業	地元自慢	大学生活	行きたい国	好きな本
趣味	好きな映画	高校時代	憧れの人	フリー

アタック25

氏名 _____

	氏名	質問	回答
1		出身地	
2		好きな映画	
3		昨日の晩御飯	
4		趣味	
5		高校時代に熱中したこと	
6		ニックネーム	
7		好きな本	
8		大学生活を1文字で表すと	
9		好きな有名人	
10		大学に進学した理由	
11		自分の強みは	
12		授業が上手かった先生	
13		克服したい自分の弱み	
14		最近、最もうれしかったこと	
15		今、不安に思っていること	
16		これまでで最もおもしろかった授業	
17		5年後の自分	
18		行ってみたい場所	
19		将来の夢	
20		大学時代に身につけるべき能力は	
21		好きな学習方法	
22		この授業を受講する理由	
23		授業で迷惑だと感じる学生の行動	
24		この授業で身につけたい能力	
25		この授業に期待すること	

グループ・グラウンド・ルール作成シート

授業名　　　　　　　　　　日付　　年　　　月　　　日(　　)　　限
担当教員名

学籍番号	氏名	学籍番号	氏名

グループのために役立つ行動	グループのために役立たない行動

基本ルールのリスト

参考文献

青木久美子(2005)「学習スタイルの概念と理論——欧米の研究から学ぶ」『メディア教育研究』メディア教育開発センター、2(1)、pp.197-212
赤堀侃司編(1997)『ケースブック 大学授業の技法』有斐閣
赤堀侃司、柳沢昌義、松本佳穂子、松田岳士、加藤由樹、加藤尚吾、竹内俊彦、渡辺雄貴(2007)『授業を効果的にする50の技法——FD研修の時代に向けて』アルク
浅野誠(2002)『授業のワザ一挙公開——大学生き残りを突破する授業づくり』大月書店
スーザン・アンブローズ、マイケル・ブリッジズ、ミケーレ・ディピエトロ、マーシャ・ラベット、マリー・ノーマン(栗田佳代子訳)(2014)『大学における「学びの場」づくり——よりよいティーチングのための7つの原理』玉川大学出版部
育成会編(1899)『発問法』(実験教育叢書第7編)同文舘
池田輝政、戸田山和久、近田政博、中井俊樹(2001)『成長するティップス先生——授業デザインのための秘訣集』玉川大学出版部
板倉聖宣(1997)『仮説実験授業のABC——楽しい授業への招待(第4版)』仮説社
市川伸一(1997)「レポートをもとにパネルディスカッションをする」赤堀侃司編(1997)『ケースブック 大学授業の技法』有斐閣、pp.126-129
市川伸一(2001)「研究の展開——計画から発表・論文執筆まで」南風原朝和、市川伸一、下山晴彦編『心理学研究法入門——調査・実験から実践まで』東京大学出版会、pp.219-240
井下千以子(2008)『大学における書く力考える力——認知心理学の知見をもとに』東信堂
岩崎千晶編(2014)『大学生の学びを育む学習環境のデザイン——新しいパラダイムが拓くアクティブ・ラーニングへの挑戦——』関西大学出版部
グラント・ウィギンズ、ジェイ・マクタイ(西岡加名恵訳)(2012)『理解をもたらすカリキュラム設計——「逆向き設計」の理論と方法』日本標準
潮木守一(2007)「フンボルト理念とは神話だったのか——パレチェク仮説との対話」『大学論集』広島大学、38号、pp.171-187
潮木守一(2008)『フンボルト理念の終焉?——現代大学の新次元』東信堂
宇田光(2005)『大学講義の改革——BRD方式の提案』北大路書房
江川玟成(2005)『子どもの創造的思考力を育てる——16の発問パターン』金子書房
江原武一(1996)「教育と研究のジレンマ」有本章、江原武一編『大学教授職の国際比較』玉川大学出版部、pp.150-155
ウィリアム・エレット(斎藤聖美訳)(2010)『入門 ケース・メソッド学習法』ダイヤモンド社
大門正幸(2009)「「全員先生」方式」清水亮、橋本勝、松本美奈編『学生と変える大学教育——FDを楽しむという発想』ナカニシヤ出版、pp.152-165
大島まり(2005)「学部学生教育への生産技術研究所の新しい試み」『生産研究』東京大学生産技術研究所、57巻4号、pp.224-228
大西忠治(1988)『発問上達法——授業つくり上達法PART2』民衆社
織田揮準(1991)「大福帳による授業改善の試み——大福帳効果の分析」『三重大学教育学部研究紀要(教育科学)』第42巻、pp.165-174
小田隆治、杉原真晃編(2010)『学生主体型授業の冒険 ——自ら学び、考える大学生を育む』ナカニシヤ出版
小田隆治、杉原真晃編(2012)『学生主体型授業の冒険2——予測困難な時代に挑む大学教育』ナカニシヤ出版
岡田加奈子、竹鼻ゆかり編(2011)『教師のためのケースメソッド教育』少年写真新聞社
金子元久(2013)『大学教育の再構築——学生を成長させる大学へ』玉川大学出版部
上條晴夫(2007)『子どもを注目させる指示・発問・説明の技術』学事出版
河合塾編(2011)『アクティブラーニングでなぜ学生が成長するのか——経済系・工学系の全国大学調査からみえてきたこと』東信堂

河合塾編(2013)『「深い学び」につながるアクティブラーニング――全国大学の学科調査報告とカリキュラム設計の課題』東信堂
河合塾編(2014)『「学び」の質を保証するアクティブラーニング――3年間の全国大学調査から』東信堂
京都産業大学キャリア教育研究開発センターF工房(2012)『キャンパスで使える! アイスブレイク集』
桔梗友行編(2012)『子どもの力を引き出す新しい発問のテクニック』ナツメ社
木野茂(2005)『大学授業改善の手引き――双方向型授業への誘い』ナカニシヤ出版
木野茂(2009)「学生とともに作る授業――多人数双方向型授業への誘い」清水亮、橋本勝、松本美奈編『学生と変える大学教育――FDを楽しむという発想』ナカニシヤ出版、pp.136-151
京都大学高等教育研究開発推進センター編(2003)『大学教育学』培風館
楠見孝、子安増生、道田泰司編(2011)『批判的思考力を育む――学士力と社会人基礎力の基盤形成』有斐閣
久保田賢一、岸磨貴子編(2012)『大学教育をデザインする――構成主義に基づいた教育実践』晃洋書房
グラバア俊子、土屋耕治、戸本真由(2013)「人間関係領域におけるフィールドワークの教育プログラムとしての可能性――南山大学『人間関係フィールドワーク』を例として(その1)」南山大学紀要『アカデミア』人文・自然科学編、第5号、pp.1-21
栗田佳代子(2012)「学生とつくりあげる授業」(教授法が大学を変える)『教育学術新聞』日本私立大学協会、平成25年2月27日号
黒田光太郎、戸田山和久、伊勢田哲治(2004)『誇り高い技術者になろう――工学倫理ノススメ』名古屋大学出版会
向後礼子、山本智子(2014)『ロールプレイで学ぶ教育相談ワークブック――子どもの育ちを支える』ミネルヴァ書房
サラ・コナリー、マージット・ワッツ(山田一隆、井上泰夫訳)(2010)『関係性の学び方――「学び」のコミュニティとサービスラーニング』晃洋書房
佐藤郁哉(2002)『フィールドワークの技法――問いを育てる、仮説をきたえる』新曜社
佐藤浩章編(2010)『大学教員のための授業方法とデザイン』玉川大学出版部
マイケル・サンデル、小林正弥(2011)『サンデル教授の対話術』NHK出版
鹿内信善編(2013)『協同学習ツールのつくり方いかし方――看図アプローチで育てる学びの力』ナカニシヤ出版
重田勝介(2013)「反転授業――ICTによる教育改革の進展」『情報管理』科学技術振興機構、56巻10号、pp.677-684
芝池宗克、中西洋介(反転授業研究会編)(2014)『反転授業が変える教育の未来――生徒の主体性を引き出す授業への取り組み』明石書店
清水亮、橋本勝、松本美奈編(2009)『学生と変える大学教育――FDを楽しむという発想』ナカニシヤ出版
清水亮、橋本勝編(2012)『学生・職員と創る大学教育――大学を変えるFDとSDの新発想』ナカニシヤ出版
清水亮、橋本勝編(2013)『学生と楽しむ大学教育――大学の学びを本物にするFDを求めて』ナカニシヤ出版
庄司進一(2002)「ターミナルケア教育のための大教室授業におけるロールプレイ」『医学教育』日本医学教育学会、33巻第1号、pp.260-263
ジョージ・ジェイコブズ、マイケル・パワー、ロー・ワン・イン(関田一彦監訳)(2005)『先生のためのアイディアブック――協同学習の基本原則とテクニック』日本協同教育学会
デイヴィッド・ジョンソン、ロジャー・ジョンソン、ジョンソン・ホルベック(杉江修治、石田裕久、伊藤康児、伊藤篤訳)(1998)『学習の輪――アメリカの協同学習入門』二瓶社
デイヴィッド・ジョンソン、ロジャー・ジョンソン、カール・スミス(関田一彦監訳)(2001)『学生参加型の大学授業――協同学習への実践ガイド』玉川大学出版部
白井一之(2013)『スペシャリスト直伝! 場面別でよくわかる発問・指示の極意』明治図書出版
杉江修治、関田一彦、安永悟、三宅なほみ編(2004)『大学授業を活性化する方法』玉川大学出版部
杉江修治(2011)『協同学習入門――基本の理解と51の工夫』ナカニシヤ出版
鈴木克明(2002)『教材設計マニュアル――独学を支援するために』北大路書房

須長一幸(2010)「アクティブ・ラーニングの諸理解と授業実践への課題——activeness概念を中心に」『関西大学高等教育研究』関西大学教育開発支援センター、創刊号、pp.1-11
関田一彦、安永悟(2005)「協同学習の定義と関連用語の整理」『協同と教育』日本協同教育学会、第1号、pp.10-17
ダネル・スティーブンス、アントニア・レビ(佐藤浩章監訳)(2014)『大学教員のためのルーブリック評価入門』玉川大学出版部
高橋哲也(日本教育大学院大学監修)(2012)「答えだけは教えない——組織としての教育改善」小田隆治、杉原真晃編(2012)『学生主体型授業の冒険2——予測困難な時代に挑む大学教育』ナカニシヤ出版、pp.255-270
高橋誠編(2008)『教師のための「教育メソッド」入門』教育評論社
竹内伸一(髙木晴夫監修)(2010)『ケースメソッド教授法入門——理論・技法・演習・ココロ』慶應義塾大学出版会
竹田博之(1991)『説明・助言の技術』明治図書出版
田中耕治編(2010)『よくわかる教育評価 第2版』ミネルヴァ書房
田中一(1999)『さよなら古い講義——質問書方式による会話型教育への招待』北海道大学図書刊行会
中央教育審議会(2002)『青少年の奉仕活動・体験活動の推進方策等について』文部科学省
中央教育審議会(2008)『学士課程教育の構築に向けて』文部科学省
中央教育審議会(2012)『新たな未来を築くための大学教育の質的転換に向けて』文部科学省
中部地域大学グループ・東海Aチーム(2014)『アクティブラーニング失敗事例ハンドブック』
土持ゲーリー法一(2009)『ラーニング・ポートフォリオ——学習改善の秘訣』東信堂
バーバラ・デイビス(香取草之助監訳)(2002)『授業の道具箱』東海大学出版会
東京大学大学院教育学研究科 大学経営・政策研究センター(2007)「全国大学生調査——第一次〜第三次調査基礎集計表」
常盤文枝、鈴木玲子(2010)「看護学教育におけるチーム基盤型学習法(TBL)導入の試み」『埼玉県立大学紀要』12、pp.137-142
戸田山和久(2002)『論文の教室——レポートから卒論まで』日本放送出版協会
中井俊樹(2010)「学習成果を評価する」夏目達也、近田政博、中井俊樹、齋藤芳子『大学教員準備講座』玉川大学出版部、pp. 49-61
中井俊樹(2011)「学士課程の学生に研究体験は必要か——国際的動向と論点整理」『名古屋高等教育研究』名古屋大学高等教育研究センター、11号、pp.171-190
中井俊樹(2015a)「授業における"発問"を理解する」『教育学術新聞』日本私立大学協会、平成27年7月1日号
中井俊樹(2015b)「授業において"発問"を活用する」『教育学術新聞』日本私立大学協会、平成27年7月8日号
中井俊樹編(2014)『看護現場で使える教育学の理論と技法——個別指導や参加型研修に役立つ100のキーワード』メディカ出版
中井俊樹、飯岡由紀子(2014a)「看護教員のための教授法入門①〜⑫」『看護展望』メヂカルフレンド社、2014年1〜12月号
中井俊樹、飯岡由紀子(2014b)「看護教員のための教授法入門⑤」『看護展望』メヂカルフレンド社、2014年5月号、pp. 68-74
中野民夫、森雅浩、鈴木まり子、冨岡武、大枝奈美(2009)『ファシリテーション——実践から学ぶスキルとこころ』岩波書店
名古屋大学(2010)「学生プロジェクトを支援する数理科学教育」組織的な大学院教育改革推進プログラム 平成19年度採択プログラム 事業結果報告書
夏目達也、近田政博、中井俊樹、齋藤芳子(2010)『大学教員準備講座』玉川大学出版部
西部直樹(1998)『はじめてのディベート』あさ出版
日本高等教育開発協会(2013)『小道具を使った授業への誘い』日本高等教育開発協会
野口芳宏(2011)『野口流 教師のための発問の作法』学陽書房
エリザベス・バークレイ、パトリシア・クロス、クレア・メジャー(安永悟監訳)(2009)『協同学習の技法——大

学教育の手引き』ナカニシヤ出版
ルイス・バーンズ、カール・クリステンセン、アビー・ハンセン編(髙木晴夫訳)(2010)『ケース・メソッド教授法——世界のビジネス・スクールで採用されている』ダイヤモンド社
橋本勝(2009)「橋本メソッド——150人ゼミ」清水亮、橋本勝、松本美奈編『学生と変える大学教育——FDを楽しむという発想』ナカニシヤ出版、pp. 109-118
花川典子(2013)「コピペ対策の実践——コピペ検出システム」関西地区FD連絡協議会、京都大学高等教育研究開発推進センター編『思考し表現する学生を育てる ライティング指導のヒント』ミネルヴァ書房
浜上薫(1991)『発問づくりの技術』明治図書出版
ディー・フィンク(土持ゲーリー法一監訳)(2011)『学習経験をつくる 大学授業法』玉川大学出版部
深井麗雄(2014)「社会との連携を通して、多人数講義を少人数ゼミに変えるレシピ」岩崎千晶編『大学生の学びを育む学習環境のデザイン——新しいパラダイムが拓くアクティブ・ラーニングへの挑戦』関西大学出版部、pp.329-341
福澤一吉(2010)『議論のルール』日本放送出版協会
ドナルド・ブライ(山口栄一訳)(1985)『大学の教授法』玉川大学出版部
アニータ・ブラウン、デイビッド・アイザックス、ワールド・カフェ・コミュニティ(香取一昭、川口大輔訳)(2007)『ワールド・カフェ——カフェ的会話が未来を創る』ヒューマンバリュー
アラン・ブリンクリ、ベティ・デッサンツ、マイケル・フラム、シンシア・フレミング、チャールズ・フォースィ、エリック・ロスチャイルド(小原芳明監訳)(2005)『シカゴ大学 教授法ハンドブック』玉川大学出版部
ケン・ベイン(高橋靖直訳)(2008)『ベストプロフェッサー』玉川大学出版部
ベネッセ教育総合研究所(2007)『第4回学習基本調査報告書 国内調査 高校生版』
ベネッセ教育研究開発センター(2009)『大学生の学習・生活実態調査報告書』
ベネッセ教育研究開発センター(2013)『第2回大学生の学習・生活実態調査報告書 ダイジェスト版』
堀公俊(2011)『白熱教室の対話術』TAC出版
松尾睦(2011)『職場が生きる 人が育つ「経験学習」入門』ダイヤモンド社
松浦宏、小阪敬二、石川正夫編(1986)『指導技術100の工夫』学習研究社
ウィルバート・マッキーチ(高橋靖直訳)(1984)『大学教授法の実際』玉川大学出版部
松下佳代(2012)「パフォーマンス評価による学習の質の評価——学習評価の構図の分析にもとづいて」『京都大学高等教育研究』第18号、pp.75-114
松下佳代、京都大学高等教育研究開発推進センター編(2015)『ディープ・アクティブラーニング——大学授業を深化させるために』勁草書房
ロバート・マルザーノ、ジョン・ケンドール(黒上晴夫、泰山裕訳)(2013)『教育目標をデザインする——授業設計のための新しい分類体系』北大路書房
溝上慎一(2014)『アクティブラーニングと教授学習パラダイムの転換』東信堂
美馬のゆり、山内祐平(2005)「「未来の学び」をデザインする——空間・活動・共同体』東京大学出版会
茂木秀昭(2001)『ザ・ディベート——自己責任時代の思考・表現技術』筑摩書房
茂木秀昭(2006)『ディベートが面白いほどできる本』中経出版
矢川徳光(1950)『新教育への批判——反コア・カリキュラム論』刀江書院
安永悟(2006)『実践・LTD話し合い学習法』ナカニシヤ出版
安永悟(2012)『活動性を高める授業づくり——協同学習のすすめ』医学書院
スー・ヤング、ロバート・ウィルソン(土持ゲーリー法一監訳)(2013)『「主体的学び」につなげる評価と学習方法——カナダで実践されるICEモデル』東信堂

Baepler, P., Brooks, D. and Walker, J.(eds)(2014) *Active Learning Spaces: New Directions for Teaching and Learning,* Jossey-Bass.
Baldwin, G.(2005) *The Teaching Research Nexus: How Research Informs and Enhances Learning and Teaching in the University of Melbourne,* Centre for the Study of Higher Education, University of Melbourne.
Barkley, E.(2009) *Student Engagement Techniques: A Handbook for College Faculty,* Jossey-Bass.

参考文献

Barnett, R.(ed)(2005) *Reshaping the University: New Relationships between Research, Scholarship and Teaching,* Open University Press.

Barr,R., and Tagg, J.(1995) From Teaching to Learning: A New Paradigm for Undergraduate Education. *Change,* 27(6), pp.12-25.

Bauer, K. and Bennett, J.(2003) Alumni Perceptions Used to Assess Undergraduate Research Experience, *The Journal of Higher Education,* 74, pp.210-230.

Bloom, B., Krathwohl, D. and Masia, B.(1956) *Taxonomy of Educational Objectives: the Classification of Educational Goals. Handbook 1: Cognitive Domain,* New York: David Mckay.

Blumberg, P.(2008) *Developing Learner-Centered Teaching: A Practical Guide for Faculty,* Jossey-Bass.

Bonwell, C. and Eison, J.(1991) *Active Learning: Creating Excitement in the Classroom,* Jossey-Bass.

Boyer Commission on Educating Undergraduates in the Research University(1998) *Reinventing Undergraduate Education: A Blueprint for America's Research Universities,* State University of New York at Stony Brook.

Bruff, D.(2009) *Teaching with Classroom Response Systems: Creating Active Learning Environments,* Jossey-Bass.

Chi, M.(2000)Self-explaining: The Dual Processes of Generating Inference and Repairing Mental Models, in Glaser, R. (eds.) *Advances in Instructional Psychology: Educational Design and Cognitive Science,* Vol. 5, pp.161-238.

Creaton, J., Nakai, T. and Saitoh, Y.(2010) *Eight Principles for Linking Research and Teaching,* Center for the Studies of Higher Education, Nagoya University.

Elbow, P. and Sorcinelli, M.(2014) Using High-Stakes and Low-Stakes Writing to Enhance Learning, in Svinicki, M. and Mckeachie, W.(eds) *Mckeachie's Teaching Tips: Strategies, Research, and Theory for College and University Teachers(14th ed.),* International Edition, Wadsworth.

Exley, K. and Dennick, R. (2009) *Giving a Lecture (2nd ed.),*Routledge.

Fleming, N.(2003) Establishing Rapport: Personal Interaction and Learning, *Idea Paper,* 39.

George, J. and Cowan, J.(1999) *A Handbook of Techniques for Formative Evaluation: Mapping the Student's Learning Experience,* Kogan Page, London.

Griffiths, R.(2004) Knowledge Production and the Research-Teaching Nexus: The Case of the Built Environment Disciplines, *Studies in Higher Education,* 29(6), pp.709-726.

Hathaway, R., Nagda, B. and Gregerman, S.(2002) The Relationship of Undergraduate Research Participation to Graduate and Professional Education Pursuit: An Empirical Study, *Journal of College Student Development,* 43, pp.614-631.

Healey, M.(2005) Linking Research and Teaching Exploring Disciplinary Spaces and the Role of Inquiry-based Learning, in Barnett, R.(ed) *Reshaping the University: New Relationships between Research, Scholarship and Teaching,* Open University Press, pp.30-42.

Healey, M, and Jenkins, A.(2009) *Developing Undergraduate Research and Inquiry,* Higher Education Academy.

Jenkins, A. and Healey, M.(2005) *Institutional Strategies to Link Teaching and Research,* Higher Education Academy.

Jenkins A., Healey, M. and Zetter, R.(2007) *Linking Teaching and Research in Departments and Disciplines,* Higher Education Academy.

Kardash, C.(2000) Evaluation of an Undergraduate Research Experience: Perceptions of Undergraduate Interns and Their Faculty Mentors, *Journal of Educational Psychology,* 92, pp.191-201.

Kinkel, D. and Henke, S.(2006) Impact of Undergraduate Research on Academic Performance,

Educational Planning, and Career Development, *Journal of Natural Resources and Life Sciences Education,* 35, pp.194-201.

Kolb, D.(1984)*Experiential Learning: Experience as Source of Learning and Development,* Prentice-Hall.

Kuh, G.(2008)*High-Impact Educational Practices: What They Are, Who Has Access to Them, and Why They Matter,* Association of American Colleges and Universities.

Lepper, M. R., Iyengar, S. S. and Corpus, J. H.(2005) Intrinsic and Extrinsic motivational orientations in the classroom: Age differences and academic correlates, *Journal of Educational Psychology,* 97(2), pp.184-196

Magnan, R.(2005)*147 Practical Tips for Using Icebreakers with College Students,* Atwood Publishing.

McTighe, J. and Wiggins, G.(2013) *Essential Questions-Opening Doors to Student Understanding,* ASCD.

Meyers, C. and Jones, T.(1993) *Promoting Active Learning: Strategies for the College Classroom,* Jossey-Bass.

Mickelson, N.(2012) Tips for the Classroom Writing at Transitions: Using In-Class Writing as a Learning Tool, *Journal of College Literacy & Learning,* Vol.38, pp.25-31.

Nagda, B., Gregerman, S., Jonides, J., von Hippel, W. and Lerner, J.(1998) Undergraduate Student-Faculty Partnerships Affect Student Retention, *The Review of Higher Education,* 22, pp.55-72.

Nilson, L.(2010) *Teaching at Its Best: A Research-Based Resource for College Instructors, 3rd Edition,* Jossey-Bass.

Nist, S. and Holschuh, J.(2000) *Active Learning: Strategies for College Success,* Allyn and Bacon.

Prince, M.(2004) Does Active Learning Work?: A Review of the Research, *Journal of Engineering Education,* 93(3), pp.223-231.

Ramsden, P.(1992) *Learning to Teach in Higher Education,* Routledge Falmer.

Seymour, E., Hunter, A., Laursen, S. and DeAntoni, T.(2004)Establishing the Benefits of Research Experiences for Undergraduates in the Sciences: First Findings from a Three-year Study, *Science Education,* 88(4), pp.493-534.

Shute, V. (2008) Focus on Formative Feedback, *Review of Educational Research,* 78(1), pp.153-189.

Silberman, M.(1996) *Active Learning: 101 Strategies to Teach any Subject,* Allyn and Bacon.

Silberman, M.(1998) *Active Training: A Handbook of Techniques, Designs, Case Examples, and Tips,* Jossey-Bass/ Pfeiffer.

Silberman, M.(2006) *Teaching Actively: Eight Steps and 32 Strategies to Spark Learning in Any Classroom,* Pearson.

Walvoord, B.(1986) *Helping Students Write Well: A Guide for Teachers on All Discipline,* Modern Language Association.

執筆者　2015年12月現在

中井俊樹
なかい・としき

愛媛大学 教育・学生支援機構 教授
専門は大学教育論、人材育成論。1998年に名古屋大学高等教育研究センター助手となり、同センター准教授などを経て2015年より現職。著書に『大学の教員免許業務 Q&A』(共編著)、『看護現場で使える教育学の理論と技法』(編者)、『大学のIR Q&A』(共編著)、『大学の教務 Q&A』(共編著)、『大学教員のための教室英語表現300』(編著)、『大学教員準備講座』(共著)、『アジア・オセアニアの高等教育』(分担執筆)、『成長するティップス先生』(共著)などがある。
担当　編著者、1章、2章、4章、5章、8章、14章

小林忠資
こばやし・ただし

愛媛大学 教育・学生支援機構 特定研究員
専門は大学教育論、比較教育学。2014年に名古屋大学高等教育研究センター研究員、2015年より現職。著書に『看護現場で使える教育学の理論と技法』(分担執筆)、『アジアの教員——変貌する役割と専門職への挑戦』(分担執筆)、『途上国における基礎教育支援(下)——国際的なアプローチと実践』(分担執筆)がある。
担当　7章、10章

中島英博
なかじま・ひでひろ

名古屋大学 高等教育研究センター 准教授
専門は高等教育論。2002年名古屋大学高等教育研究センター助手、2005年三重大学高等教育創造開発センター助教授、2008年名城大学大学院大学・学校づくり研究科准教授、2014年より現職。著書に『WebCT——大学を変えるeラーニングコミュニティ』(分担執筆)、『法則探検に出かけよう』(分担執筆)、『大学力を高めるeポートフォリオ——エビデンスに基づく教育の質保証をめざして』(分担執筆)、『ヨーロッパにおける大学教育の多様性と統合』(共著)がある。
担当　3章、6章(共著)、12章、13章

西野毅朗
にしの・たけろう

同志社大学大学院 社会学研究科 教育文化学専攻 博士後期課程在籍、一般社団法人日本経営協会専任講師
専門は大学教育論。中学校からディベートを始め、地方大会で優勝、個人賞を獲得する。大学入学後は中高生から大学生・社会人といった幅広い層に対し、ディベート教育を行う。
担当　9章、11章

井上史子
いのうえ・ふみこ

帝京大学 高等教育開発センター 教授
専門は教育工学、高等教育開発。2007年スラタニ・ラチャパット大学教育学部講師、2008年立命館大学教育開発推進機構嘱託講師、2011年帝京大学高等教育開発センター准教授、2014年より現職。著書に『情報教育の理論と実践』(分担執筆)、『相互理解を深めるコミュニケーション実践学』(分担執筆)、『相互理解を深めるコミュニケーション実践学(改訂版)』(分担執筆)がある。
担当　6章(共著)、15章

シリーズ 大学の教授法　3

アクティブラーニング

2015年12月25日　初版第1刷発行
2023年11月20日　初版第6刷発行

編著者　中井俊樹

発行者　小原芳明

発行所　玉川大学出版部
　　　　〒194-8610 東京都町田市玉川学園6-1-1
　　　　TEL 042-739-8935　FAX 042-739-8940
　　　　http://www.tamagawa-up.jp
　　　　振替 00180-7-26665

デザイン　しまうまデザイン
印刷・製本　モリモト印刷株式会社

乱丁・落丁本はお取り替えいたします。
©Toshiki Nakai 2015　Printed in Japan
ISBN978-4-472-40533-4 C3037 / NDC377

玉川大学出版部の本

リーディングス 日本の高等教育
【全8巻】

大学はどこへいくのか──。
わが国の高等教育領域における問題群を39に区分けし、
そのトピックごとに解題と解説を加えながら研究論文を精選。
高等教育研究に新しい視座と議論を提供する重要論文のアンソロジー。

A5判上製・平均376頁　本体 各4,500円

❶ 大学への進学
選抜と接続
中村高康 編

❷ 大学の学び
教育内容と方法
杉谷祐美子 編

❸ 大学生
キャンパスの生態史
橋本鉱市 編

❹ 大学から社会へ
人材育成と知の還元
小方直幸 編

❺ 大学と学問
知の共同体の変貌
阿曽沼明裕 編

❻ 大学と国家
制度と政策
村澤昌崇 編

❼ 大学のマネジメント
市場と組織
米澤彰純 編

❽ 大学とマネー
経済と財政
島 一則 編

表示価格は税別です。